Dein finanzielles Leben

Rolf Bröcker

Dein finanzielles Leben

Wie du deine Finanzen organisierst und für die Zukunft vorsorgst

Hinweis

Alle in diesem Buch veröffentlichten Hinweise, Ratschläge und Informationen wurden vom Verfasser sorgfältig zusammengetragen, geprüft und erarbeitet und dienen ausschließlich der Veranschaulichung und Information. Eine Garantie kann daher nicht übernommen werden. Dies gilt insbesondere für alle im Buch erwähnten Unternehmen, Aktien, Anlageformen und -instrumente. Die geäußerten Meinungen stellen keine Aufforderung zum Handeln dar. Der Autor empfiehlt ausdrücklich, sich immer aus mehreren unabhängigen Quellen zu informieren und professionellen Rat vor dem Treffen jedweder Anlageentscheidung einzuholen. Eine Haftung des Verfassers für Personen-, Sach- oder Vermögensschäden ist ausgeschlossen.

Bibliografische Information der Deutschen Nationalbibliothek:
Die Deutsche Nationalbibliothek verzeichnet diese
Publikation in der Deutschen Nationalbibliografie;
detaillierte bibliografische Daten sind im Internet
über http://dnb.dnb.de abrufbar.

Die automatisierte Analyse des Werkes, um daraus
Informationen insbesondere über Muster, Trends und
Korrelationen gemäß §44b UrhG („Text und Data Mining")
zu gewinnen, ist untersagt.

© 2024 Rolf Bröcker
Zeichnungen und Umschlag: Tobias Bergmann

Verlag: BoD · Books on Demand GmbH, In de Tarpen 42, 22848 Norderstedt
Druck: Libri Plureos GmbH, Friedensallee 273, 22763 Hamburg

ISBN: 978-3-7597-2772-5

Inhalt

I

II

III

IV

Vorwort

Donnerstag, 08.02.2024, eine WhatsApp-Nachricht von meiner Schwester: Meine Nichte wäre interessiert daran, ein paar Informationen zur Geldanlage zu erhalten. Sie hätte dazu schon was an der Uni gehört, wolle das Thema aber noch besser verstehen und mit dem Start ins Berufsleben auch mit dem Anlegen von Geld beginnen.

Eine gute Idee ...

Am darauffolgenden Freitag habe ich viele Runden um meine Kücheninsel gedreht – wie immer, wenn ich über etwas nachdenke. Ich kann mich dabei gut konzentrieren und darüber hinaus komme ich zwangsläufig bei jeder Runde am Kühlschrank vorbei. ☺

An diesem Freitag habe ich also darüber nachgedacht, was ich meiner Nichte erklären soll. Ihr einfach nur zu sagen, dass ich gerade mit Geld in Santhera investiert bin und auch in XTPL[1] eine erste Position gekauft habe, schien mir zu speziell. Ich müsste erläutern, warum ich das getan habe. Und zwar aus dem Blickwinkel meiner übergeordneten Finanzplanung wie auch in Bezug auf meine Erwartungen an die Geschäftsentwicklung beider Unternehmen. Einfacher wäre, ihr zu erzählen, dass ich mir ein Dividendendepot aufbaue. Darin ist BAT (British American Tobacco) enthalten und die schütten alle drei Monate Dividende aus. Die letzte Dividendenzahlung kam vor einigen Tagen und wie üblich habe ich den Betrag dann großzügig aufgestockt und direkt weitere Aktien von BAT gekauft. So mache ich das zurzeit vier Mal im Jahr.

Ich beschäftige mich schon seit mehr als 35 Jahren mit Kapitalanlagen, primär mit Aktien. In dieser Zeit haben sich viele Grafiken und Leitsätze bei mir angesammelt, von denen sogar einige in Bilderrahmen an meiner Wand hängen. Einige stammen aus Büchern, andere habe ich auch selbst erstellt, um den finanziellen Aspekt meines Lebens übersichtlich und strukturiert darzustellen. Irgendwie müsste ich diesen Fundus mit zu meiner Nichte nehmen und ihr die Sache erklären ...

In diesem Moment kam mir die Idee, meine Sicht auf die finanzielle Seite des Lebens in einem kleinen Büchlein zusammenzufassen. Und wenn du jetzt einen buchähnlichen Gegenstand in der Hand hältst und diese Zeilen liest, habe ich die Idee offensichtlich umgesetzt.

Also fangen wir an!

Das finanzielle Leben

Einleitend müssen wir eine Vorstellung davon bekommen, was ich mit „finanziellem Leben" meine. Die folgende Grafik zeigt das Grundgerüst, das uns durch das ganze Buch hindurch begleiten wird:

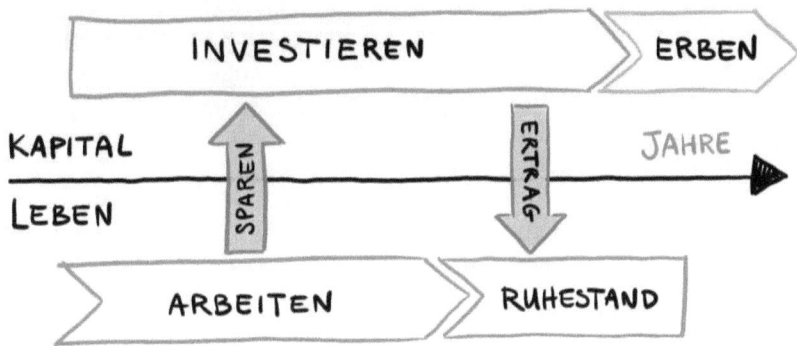

Abb. 1: Grundgerüst des finanziellen Lebens

In der Grafik sind die beiden Ebenen „Kapital" und „Leben" dargestellt. Das finanzielle Leben beginnt mit der Phase, in der wir wirtschaftlich aktiv sind, also einer Beschäftigung nachgehen, mit der wir unseren Lebensunterhalt verdienen. Das ist die entscheidende Phase unseres finanziellen Lebens.

An das Arbeitsleben schließt sich der wohlverdiente Ruhestand an. In dieser Phase arbeiten wir nicht mehr und das Geld für unseren Lebensunterhalt muss irgendwo anders herkommen. Woher genau, schauen wir uns auf den folgenden Seiten an. So viel sei vorweggenommen: Wir finanzieren unseren Ruhestand aus den Erträgen des Kapitals, das wir während der Arbeitsphase aufgebaut haben.

Um die Frage, wovon wir im Ruhestand leben, diskutieren zu können, hebe ich den Aspekt des Kapitals hervor. Wir werden sehen, dass mit Kapital nicht nur schnödes Geld gemeint ist. Als Gesellschaft sammeln wir an verschiedenen Stellen Kapital in unterschiedlichen Formen an. Aber nach meiner Überzeugung wird es für die meisten von uns im Ruhestand nicht ohne eine eigene Kapitalanlage gehen. Sprich, ohne eine eigene Geldmaschine wird der Ruhestand für die meisten von uns eher eine Phase von permanenten finanziellen Engpässen sein.

Wir müssen also in der Arbeitsphase Teile unseres Einkommens sparen und diese Ersparnisse anlegen. Ein Sparbuch reicht für den Ruhestand allerdings nicht aus. Stattdessen ist es wichtig, dass wir das gesparte Geld richtig anlegen, also investieren.

Was meine ich mit „richtig"? Meiner Meinung nach nützt es wenig, mit Beginn des Ruhestandes nur einen Geldbetrag x angespart zu haben. Betrachten wir dazu zwei Beispiele, was wir mit diesem Geldbetrag x machen könnten.

Wenn wir genau wüssten, wie lange wir leben, könnten wir regelmäßig einen kleinen Teil von dem Geldbetrag x wegnehmen und damit unseren Lebensunterhalt ergänzen. An unserem letzten Tag wäre unsere Rücklage restlos aufgebraucht. Was aber, wenn wir länger leben, als der Geldbetrag reicht? Und wie wollen wir bei der Höhe des Betrages, den wir regelmäßig wegnehmen, berücksichtigen, dass im Laufe der Zeit die Lebenshaltungskosten ansteigen? Knifflige Fragen. Das Modell „Aufbrauchen bis zum letzten Tag" scheint also kein einfacher Plan zu sein.

Als zweite Möglichkeit können wir den angesparten Geldbetrag x auch unberührt für „schlechte Zeiten" liegen lassen. Dann ergänzt er natürlich nicht unsere Lebenshaltungskosten, diese müssen allein durch die Einnahmen aus Pension oder Rente bestritten werden. Aber was ist, wenn die erste „schlechte Zeit" kommt? Wie viel von unserem Geldbetrag x nehmen wir dann weg? Wann kommt die zweite „schlechte Zeit" und wie viele werden danach noch folgen? Da wir das unmöglich wissen können, scheint auch das „Schlechte Zeiten"-Modell keine richtig gute Lösung zu sein.

Was wir im Ruhestand stattdessen brauchen, ist ein zeitlich unbefristeter Geldstrom, der im Laufe der Jahre kontinuierlich ansteigt. Renten- bzw. Pensionszahlungen erfüllen im Normalfall diese Bedingungen, aber ich werde im nächsten Kapitel aufzeigen, dass diese Zahlungen aus den staatlich organisierten Versorgungssystemen vielleicht nicht so sicher und auskömmlich sind und sein werden, wie wir annehmen. Wir müssen also zusätzlich unser angespartes Kapital so anlegen, dass es uns unbefristet Erträge bringt, die langfristig automatisch ansteigen. Das meine ich mit „richtig" anlegen bzw. investieren. Die Erträge unserer Investitionen ergänzen dann im Ruhestand unsere Einnahmen.

Da wir nur die Erträge verwenden, müssen (und werden) wir unser angespartes Kapital nie anrühren. Wir werden es an unsere Nachkommen, ein Tierheim oder eine andere sinnvolle Einrichtung vererben. Das ist zunächst ein ungewöhnlicher Gedanke; eine solch generationsübergreifende Betrachtung wird selten angestellt. Wir diskutieren maximal die Frage, ob die Rente erst mit 67 oder schon früher beginnen kann. Aber das Kapital ist ein auf die Zukunft ausgerichtetes Element. Und die Zukunft hört nicht mit unserem Tod auf.

Die wesentlichen Elemente der Grafik werden in den folgenden drei Hauptkapiteln eingehend besprochen. Beginnen werden wir mit einer genaueren Betrachtung der Pensions- und Rentenzahlungen. Beides sind die primären Quellen unserer Versorgung im Ruhestand, zumindest nach heutigem Stand. Wir gehen dabei in einer diffusen Hoffnung davon aus, dass sie im Ruhestand schon irgendwie reichen werden. Aber ist das wirklich so oder könnte es später eng werden? Ich werde im ersten Kapitel einige Entwicklungen aufzeigen, bei denen bereits heute klar erkennbar ist, dass sie sich negativ auf die zukünftigen Renten- und Pensionszahlungen auswirken werden. Damit ist aber nicht gesagt, dass es so kommen muss. Es gibt immer die Möglichkeit, ungünstigen Gegebenheiten durch geeignete Maßnahmen entgegenzuwirken. Ob das rechtzeitig und mit ausreichendem Erfolg geschieht, müssen wir aufmerksam beobachten.

Während des Arbeitslebens ist entscheidend, dass wir mit unseren Einnahmen überlegt umgehen. Wir werden daher im Kapitel „Leben" eine Struktur entwickeln, mit der wir unsere Finanzen organisieren können. Anhand der Struktur werden wir genau erkennen, wie viel wir in jedem Monat ausgeben können, wofür und in welcher Höhe wir uns Rücklagen schaffen und wie viel Geld wir für den Ruhestand zur Seite legen. Letztlich werden wir unsere Einnahmen so verteilen, dass dauerhaft alle Anforderungen ausreichend berücksichtigt werden. Auch im Ruhestand müssen wir unsere Finanzen im Griff haben und können dafür auf die gleiche Struktur zurückgreifen.

Im Kapitel „Kapital" schauen wir uns an, wie das angesparte Geld angelegt werden kann. Wir diskutieren die drei wesentlichen Anlagemöglichkeiten, die für einen unbefristeten Geldstrom im Ruhestand infrage kommen, und vergleichen drei konkrete Strategien, mit denen wir im Laufe der Zeit unser Kapital aufbauen können.

Damit die Theorie nicht Theorie bleibt, findest du im Kapitel „Dein Fahrplan" eine konkrete Handlungsanweisung, mit der du schrittweise die Gedanken dieses Buches für dich umsetzen kannst.

Wir bewegen uns in diesem Buch ständig in der Welt der Zahlen und Finanzen. Das ist vielleicht ungewohnt, aber letztlich harmloser, als du denkst. Damit wir in den einzelnen Kapiteln gut zurechtkommen, habe ich einen Teil mit Fachwissen aufgenommen. In diesem erkläre ich eine Vielzahl von Begriffen. Einige sind dir vielleicht neu, bei den anderen schadet es nicht, wenn wir unser Gedächtnis noch mal auffrischen. Und wenn du tiefer einsteigen möchtest, dann findest du ganz am Ende des Buches noch etwas Bonusmaterial.

I. Die Zukunft des Ruhestands

Wir gehen allgemein davon aus, dass wir von den staatlich organisierten Versorgungssystemen so viel Geld erhalten, dass wir davon im Ruhestand leben können. Das ist, wenn man einen bescheidenen Lebensstandard pflegt, auch erst mal nicht verkehrt und gilt für das staatlich organisierte System der Rentenversicherung ebenso wie für die Pensionsversorgung durch die Staatskasse. In der nachfolgenden Darstellung unterscheide ich beide Systeme daher nicht, sondern stelle allgemeine Betrachtungen an, die gleichermaßen auf beide Systeme zutreffen.

Wir sollten uns einen genaueren Blick auf die staatlich organisierte Altersversorgung gönnen und uns Klarheit darüber verschaffen, ob es möglicherweise Einflüsse und Entwicklungen gibt, die sich negativ auf die Verlässlichkeit des Versorgungssystems auswirken könnten. Ferner wird uns ein Vergleich unseres aktuellen Versorgungssystems mit der Altersversorgung in der Zeit der Großfamilien weitere Aspekte offenbaren, die sich ganz grundsätzlich negativ auf unsere Altersversorgung auswirken.

Großfamilie vs. Rentensystem

Es gab mal eine Zeit, in der unsere Vorfahren in bäuerlichen und handwerklichen Großfamilien lebten[2]. Das heißt, Kinder, Eltern und Großeltern lebten alle zusammen „unter einem Dach". Die Generation der Eltern war für das Erwirtschaften des Lebensunterhaltes zuständig, der ausreichen musste, nicht nur sie selbst, sondern auch ihre Kinder und ihre nicht mehr arbeitsfähigen Eltern zu ernähren. Die Versorgung der Alten war also vollständig innerhalb der Familien organisiert.

Nachdem unsere Arbeitswelt durch die industrielle Revolution vollkommen verändert wurde, nahm die Bedeutung der Großfamilie rapide ab. Vielleicht wurde ihre Auflösung auch dadurch begünstigt, dass mit der Einrichtung des Sozialversicherungssystems die Notwendigkeit verschwand, sich allein aus Gründen der Altersversorgung in Großfamilien zu organisieren. Zwar müssen nach wie vor die Arbeitenden (die Eltern) mit ihrem Einkommen ihre Kinder und die Generation der Großeltern versorgen, aber das System fasst diese Generationen über alle Familien hinweg in Gruppen zusammen und sorgt so dafür, dass alle Arbeitenden alle Kinder und alle Ruheständler versorgen.

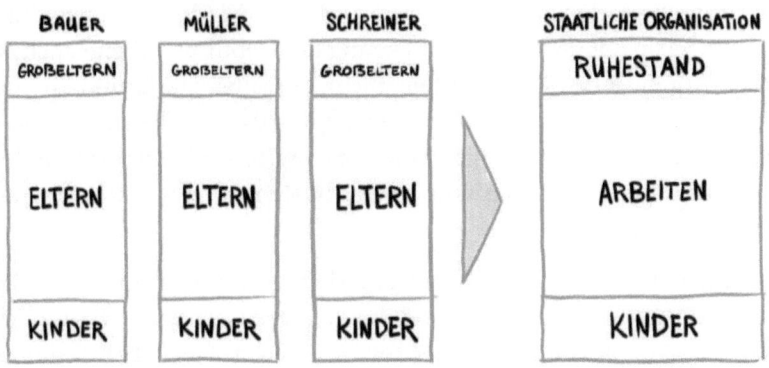

Abb. 2: Altersversorgung in Großfamilien vs. staatliche Organisation

Rein rechnerisch unterscheiden sich beide Systeme zunächst gar nicht. Wenn man seinerzeit die Zahlungsströme innerhalb aller Großfamilien erfasst und über alle Familien aufaddiert hätte, hätte man erkennen können, wie viel Vermögen in Form von Wohnen, Ernährung, Betreuung und Pflege von den Eltern an die Großeltern geflossen ist. Heute erfolgt die Versorgung der Ruheständler primär durch Geldzahlungen und weniger durch Sachleistungen. In der Wirkung kann man beide Versorgungssysteme aber durchaus gleichsetzen. Und trotzdem gibt es zwei wesentliche Unterschiede.

Zweifelsohne bestand früher ein fast existenzieller Druck, dass jede(r) eine Familie gründet und Kinder bekommt, damit diese sie/ihn im Alter versorgen. Das ist heute in den weniger entwickelten Ländern sicherlich auch ein Hauptgrund für das anhaltend starke Bevölkerungswachstum. Denn wer damals keine Kinder hatte, hatte niemanden, der ihn im Alter versorgen konnte. Eine denkbar schlechte Ausgangslage für den Ruhestand.

Mit dem heutigen System entfällt der Druck, Kinder zu bekommen, weil die Gruppe der Ruheständler von der Gruppe der Arbeiter versorgt wird, egal ob man Kinder hat oder nicht. Und das ist auch richtig so, weil die Kinderlosen in ihrer Zeit als Arbeiter die Kinder der nachfolgenden Generation finanziell mitgetragen haben, auch wenn es nicht ihre eigenen waren. Dass man im Alter auch versorgt ist, wenn man keine Kinder hat, führt auf lange Sicht dazu, dass die Anzahl der Kinder immer geringer wird. Wir sehen das am stetigen Rückgang der Geburten.[3] Wenn auch das staatlich organisierte Rentensystem nicht der alleinige Grund für den Rückgang der Geburten sein dürfte, so begünstigt das System dennoch, dass es weniger Nachwuchs gibt. **Und damit wird ein Konstruktionsfehler unseres Rentensystems offenbar: Das System sorgt selbst dafür, dass es langfristig schrumpft.**

Neben dem Druck, eine Familie zu gründen, gibt es noch einen zweiten Unterschied zwischen damals und heute. Dazu schauen wir uns die Schicht der Arbeitenden etwas genauer an, lassen dabei aber diejenigen unberücksichtigt, die aus geistigen oder körperlichen Gründen gar nicht arbeiten können. Diese Gruppe gab es sicherlich damals genauso wie heute und es versteht sich von selbst, dass diese Menschen ordentlich versorgt werden müssen. Vereinfacht kann man davon ausgehen, dass in der Zeit der Großfamilien quasi jeder mitarbeiten musste. Egal wie gescheit oder geschickt jemand war, einen kleinen Beitrag musste jeder leisten, und zwar so lange, wie er konnte, und die enge familiäre Bindung hat sicherlich auf Dauer keine Faulenzerei zugelassen. Wir können also annehmen, dass damals alle im arbeitsfähigen Alter auch gearbeitet haben.

Heute ist das nicht mehr so. Ich habe mir die Zahlen für 2024[4] angeschaut und im folgenden Bild zusammengeführt.

Die Grafik teilt die 84 Mio. Menschen, die 2024 in Deutschland leben[5], in drei Gruppen ein: Kinder (< 20 Jahre), Arbeitende (20–66 Jahre) und Ruheständler (67+ Jahre). Diese Einteilung ist der Bevölkerungspyramide entnommen und natürlich nicht exakt deckungsgleich mit der tatsächlichen Aufteilung der Bevölkerung unter dem Aspekt der Erwerbstätigkeit. Jugendliche steigen teilweise schon vor Erreichen des 20. Lebensjahres in das Berufsleben ein und bekanntlich beginnt für die wenigsten Rentner und Pensionäre der Ruhestand erst mit Vollendung des 67. Lebensjahrs. Aber mit dieser Unschärfe können wir bei den weiteren Betrachtungen leben.

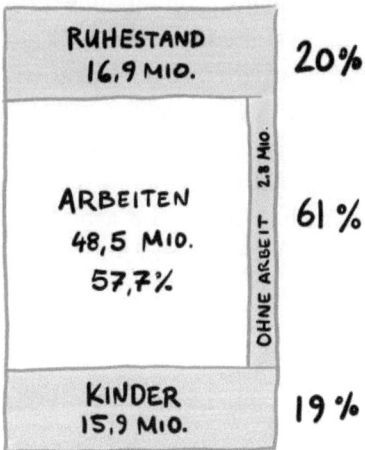

Abb. 3: Bevölkerungsaufteilung 2024

Wichtig für das Gesamtverständnis ist, dass es aktuell wirklich nur die 48,5 Mio. Menschen in Deutschland sind, die alles, ja wirklich alles erwirtschaften müssen, was die insgesamt 84 Mio. Menschen für ihren Lebensstandard brauchen. Dazu gehören sämtliche öffentlichen Leistungen, das komplette Gesundheitssystem und natürlich auch die monatlichen Einkommen. Der Staat ist in diesem Sinne nur eine Umverteilungsorganisation, die wir uns aufgebaut haben und mit deren Hilfe die wirtschaftliche Leistung der 48,5 Mio. Menschen im arbeitsfähigen Alter so geregelt und verteilt wird, dass Kinder gefördert, Ruheständler versorgt und Arbeitslose unterstützt werden. Alles, was der Staat umverteilt, muss er vorher von der Wirtschaftsleistung der arbeitenden Bevölkerung abgezogen haben. Anders geht das nicht.

In der Gruppe der Menschen im arbeitsfähigen Alter gibt es einen nicht unerheblichen Anteil, der nicht arbeitet, sprich arbeitslos ist. Die Gründe dafür sind vielfältig. Durch Mangel an Qualifikation sind viele Arbeitslose im Arbeitsmarkt gar nicht einsetzbar. Auch gesundheitliche Einschränkungen sind ein häufiger Grund dafür, dass Menschen im Arbeitsalter nicht arbeiten können. Und ein paar haben auch einfach keine Lust auf Arbeit und leben lieber von der Unterstützung aus dem Sozialsystem. Egal was die Gründe in jedem Einzelfall auch sind, unterm Strich reduziert sich die Anzahl der Arbeitenden, während sich gleichzeitig die Anzahl derer, die durch die Arbeitenden versorgt werden müssen, erhöht. Und wenn die Arbeitenden nicht im gleichen Umfang produktiver werden, bleibt in letzter Konsequenz auch weniger für die staatlich organisierte Umverteilung übrig. **Druck auf das Versorgungssystem kommt also auch daher, dass nicht alle, die im arbeitsfähigen Alter sind, tatsächlich arbeiten. Die Last der Versorgung der Ruheständler verteilt sich somit auf weniger Schultern.**

Demografie

Ein weiterer Faktor, der sich zumindest in den nächsten 20 bis 30 Jahren belastend auf das Versorgungssystem auswirkt, ist die Demografie. Die nachfolgende Grafik veranschaulicht, wie sich die Alterspyramide in Deutschland in den nächsten 20 Jahren verändern kann.

Der schwarze Rand umreißt die Alterspyramide, wie sie im Jahr 2024 aussieht. Die graue Fläche zeigt eine Prognose der Alterspyramide für das Jahr 2044.[6] Im Jahr 2044 können wir zwei Entwicklungen erkennen. Oberhalb der 70 Jahre wird die Pyramide deutlich breiter, während sie darunter in fast allen Altersklassen schmaler wird. Unterm Strich bedeutet das, dass weniger Arbeitende mehr Ruheständler versorgen müssen. Dass gleichzeitig auch die Anzahl der zu versorgenden Kinder geringer wird, kann kein Trost sein, weil die Kinder, die nicht geboren werden, später auch keine Ruheständler versorgen können. Wir haben bereits oben gesehen, dass das System aus sich heraus zum Schrumpfen neigt. Dieser Aspekt dürfte in die Prognose eingeflossen sein.

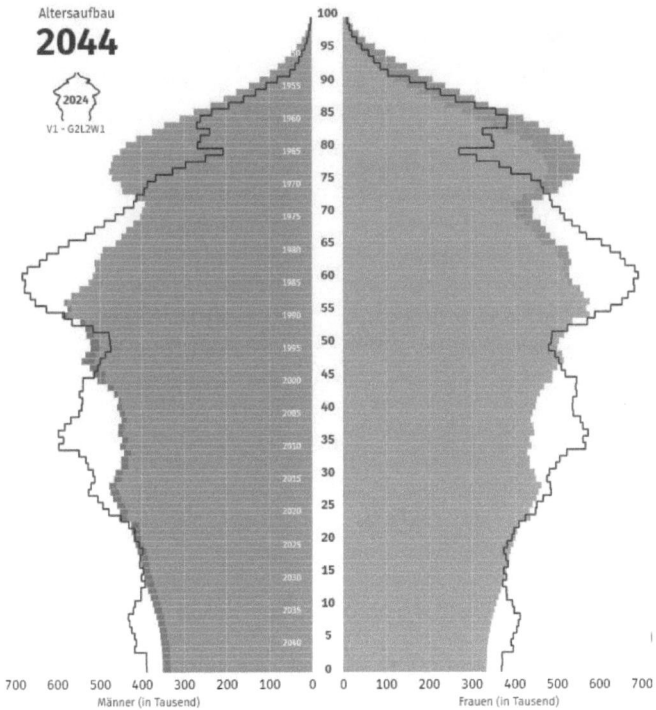

Abb. 4: Bevölkerungspyramide Deutschland 2024 und 2044

Etwas schwerer ist aus dem Bild zu erkennen, dass die Bevölkerungszahl in dieser Prognose von 84 Mio. im Jahr 2024 auf nur noch 80,9 Mio. zurückgeht.

Jahr	< 20	20-66	67+	Gesamt	Arbeits-lose	Arbeiter netto	mitzuver-sorgen
2024	15,9	51,3	16,9	84,0	2,8	48,5	35,5
2044	14,7	45,7	20,6	80,9	2,5	43,2	37,7
Diff	-1,2	-5,6	+3,7	-3,1	-0,3	-5,3	+2,2

Tabelle 1: Kennzahlen 2024 und 2044. Quellen: statista, destatis, eigene Berechnungen; Alle Zahlenangaben in Mio.

Schauen wir uns die Zahlen in der Gegenüberstellung der Jahre 2024 und 2044 an. Ich habe dabei die Gruppe der Arbeitslosen im gleichen Verhältnis zur Gruppe der Arbeitenden gelassen wie 2024 (gleiche Arbeitslosenquote).

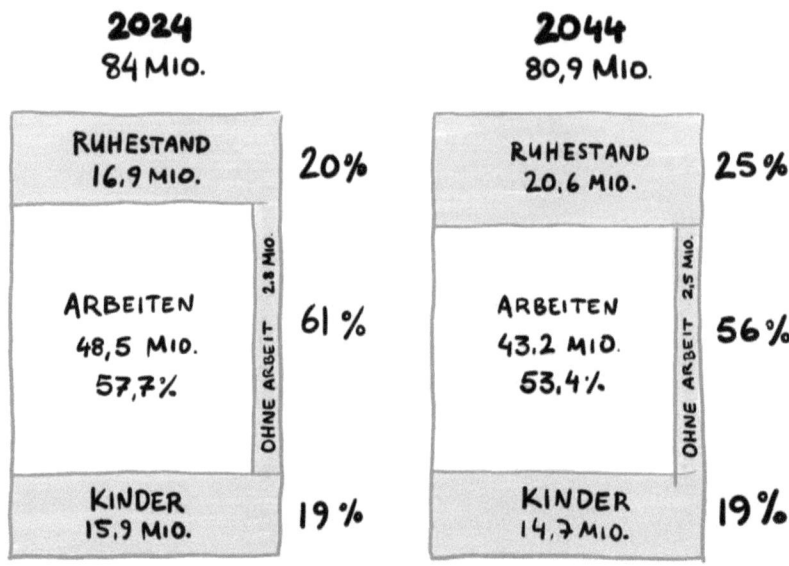

Abb. 5: Bevölkerungsaufteilung 2024 und 2044 in Deutschland

Wir können das Ergebnis des Vergleichs beider Jahre in einem Satz zusammenfassen: Alle Gruppen werden nominal kleiner, nur die Gruppe der Ruheständler wird größer. Das ist ein großes Problem und seit langer Zeit bekannt, wird aber in der öffentlichen Diskussion tunlichst ausgespart. Warum ist das so? Weil eine Lösung des Problems, egal wie sie aussieht, bei einer oder mehreren Gruppen spürbaren Verzicht bedeuten wird. Kann man mit der Ankündigung von Verzicht in den Wahlkampf ziehen oder gar eine Wahl gewinnen? Die Antwort ist Nein! Und damit bleibt das Problem unausgesprochen und ungelöst. Aber es ist deshalb nicht weg, der Verzicht wird kommen.

2024 wird ein Ruheständler von 2,9 Arbeitenden versorgt.[7]

2044 wird ein Ruheständler von 2,1 Arbeitenden versorgt.

Nicht zu vergessen ist, dass sich das Problem der kleiner werdenden Gruppe der Arbeitenden nicht nur auf die Versorgung der Ruheständler auswirkt. Die Gruppe der Arbeitenden erwirtschaftet den Lebensstandard für das gesamte Land, beispielsweise auch die Gesundheitsversorgung, für alle im Land lebenden Menschen. Von 2024 bis 2044 steigt die

Zahl derer, die mitversorgt werden müssen, von 35,5 Mio. auf 37,7 Mio. Menschen an. Gleichzeitig geht die Zahl derer, die arbeiten, um 5,3 Mio. Menschen zurück. Anders ausgedrückt: Die Anzahl derer, die mitversorgt werden müssen, steigt um 6 %, während gleichzeitig die Zahl der Arbeitenden um knapp 11 % kleiner wird. Diese einfachen Zahlen verdeutlichen das Demografie-Problem.

Wenn du noch jung bist, hast du Glück im Unglück, weil du jetzt über die Problematik informiert bist und rechtzeitig eine Lösung für dich finden kannst. Alle, die um das Jahr 2044 herum Rentner oder Pensionäre sind, und ich gehöre zu dieser Gruppe, müssen sich darauf einstellen, dass die Leistungen und die monatlichen Zahlungen aus den Versorgungssystemen nicht ausreichen werden, um in einem finanziell sorgenfreien Ruhestand zu leben. Es spielt keine Rolle, welche Zahlen heute auf dem Rentenauszug stehen oder welche Ansprüche wir laut irgendeiner Tabelle erworben haben. Die kleiner werdende Gruppe der Arbeitenden kann nicht beliebig mit Abgaben belastet werden. Irgendwann geben die Menschen sonst ihre Arbeit auf und wechseln in die Gruppe der nicht Arbeitenden. Oder sie verlassen ganz einfach das Land. **Mit anderen Worten, ein Lebensstandard, der einzig auf Zahlungen aus dem Versorgungssystem beruht, wird zwingend rückläufig sein, weil die Anzahl derer, die arbeiten, kleiner wird, während gleichzeitig die Anzahl derer, die versorgt werden müssen, ansteigt.**

Ein Ausweg könnte sein, dass wir die Produktivität steigern. Das bedeutet, dass die wirtschaftliche Leistung der Gruppe der Arbeitenden ansteigt, obwohl die Gruppe nominal kleiner wird. Ob das eine realistische Perspektive ist, schauen wir uns im nächsten Abschnitt an. So viel vorweg: Ich würde mich nicht darauf verlassen, dass uns eine Produktivitätssteigerung aus dem demografischen Schlamassel rausholt.

Produktivität

Prof. Rieck hat am 16.12.2023 ein Video[8] veröffentlicht, in dem er die Ergebnisse der kurz zuvor erschienenen PISA-Studie bespricht. Nach nur 30 Sekunden kommt schon der Hammer: Deutsche Schüler liegen mit 15 Jahren bildungsmäßig 2,5 Jahre hinter koreanischen Schülern zurück. Anders

ausgedrückt: Mit 15 Jahren erreichen deutsche Schüler den Bildungs-
stand, den koreanische Schüler schon mit 12,5 Jahren erreichen. Die Grafik
aus der Studie[9] zeigt, es geht bergab. Eine andere Interpretation lässt sie
nicht zu. In der Schweiz sieht es übrigens ähnlich schlecht aus.

Leistungstrends in Mathematik, Lesekompetenz und Naturwissenschaften

Abbildung 1. Leistungstrends in Mathematik, Lesekompetenz und Naturwissenschaften

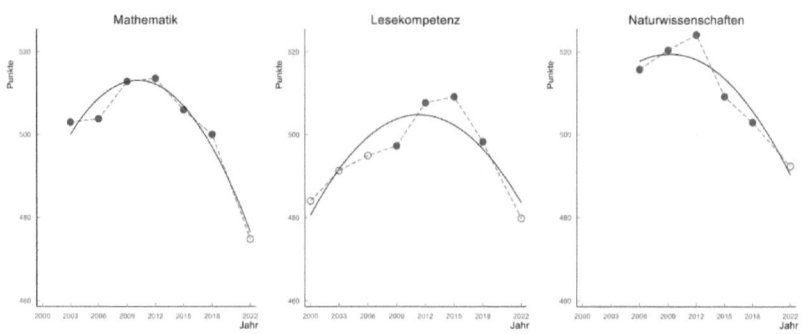

Anmerkung: Die weißen Punkte stehen für Schätzungen der Durchschnittsergebnisse, die statistisch nicht signifikant über bzw. unter den Schätzungen von PISA 2022 liegen. Die schwarzen Linien bilden den Trend am besten ab.

Quelle: OECD, PISA-2022-Datenbank, Tabelle I.B1.5.4, I.B1.5.5 und I.B1.5.6.

Abb. 6: Leistungstrends in Mathematik, Lesekompetenz und Naturwissenschaften

Welche Konsequenzen ziehen wir aus dem Ergebnis? Wir diskutieren die
Gründe und die besonderen Umstände, die zu dieser Bildungskatastro-
phe geführt haben. Das war's. Aber hat irgendjemand eine Idee formuliert, wie wir das Versäumte nachholen? Haben wir beispielsweise die
Schulpflicht für alle um ein Jahr verlängert, um in dem zusätzlichen Jahr
wenigstens einen Teil der Lücken zu schließen? Nein, haben wir nicht.
Wir haben auch sonst keine Idee, wie wir diese Kinder noch auf ein höhe-
res Bildungsniveau heben können. Wir entlassen sie einfach in die Berufs-
welt und dort sollen sie nun so produktiv arbeiten, dass im Jahr 2044 zwei
von ihnen ausreichen, um einem Ruheständler einen angenehmen Le-
bensabend zu finanzieren.

Ohnehin ist die Produktivität in Deutschland seit mehreren Jahren rückläufig. Eine Grafik von tradingeconomics.com | Deutschen Bundesbank[10] macht dies mehr als deutlich.

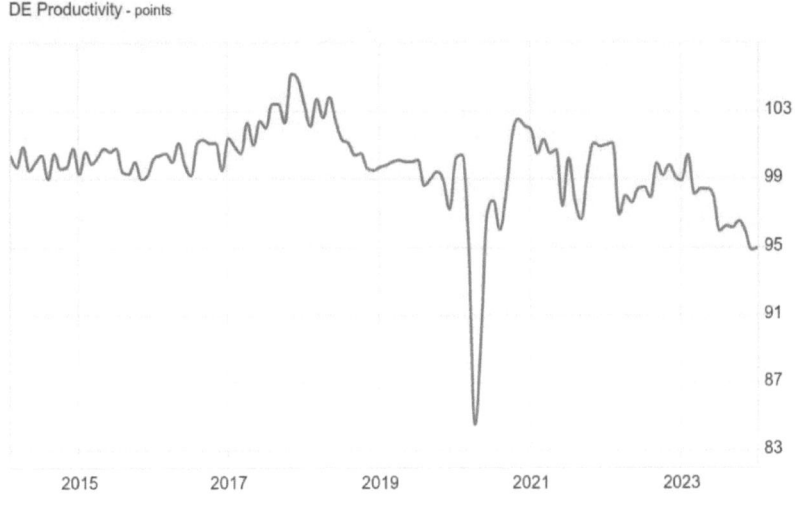

Abb. 7: Produktivitätsentwicklung in Deutschland

Das rückläufige Bildungsniveau der deutschen Schüler wird nicht die Produktivitätssteigerungen ermöglichen, die erforderlich sind, um die kleiner werdende Anzahl von Arbeitenden zu kompensieren.

Der Staat

Aber vielleicht kann der Staat uns ja retten. Er bezahlt einfach das, was die Arbeitenden nicht mehr schaffen. Kann das klappen?

Versetzen wir uns noch einmal zurück in die Zeit der Großfamilie und machen ein kleines Gedankenexperiment. Nehmen wir an, in der Familie Bauer gibt es sechs Personen im arbeitsfähigen Alter und alle sind mit der Erzeugung der landwirtschaftlichen Produkte beschäftigt. Nun wird beschlossen, dass einer von den sechs zukünftig nicht mehr produktiv in der

Landwirtschaft mitarbeitet, sondern Vollzeit die Aufgabe des Verteilministers übernimmt. Er sorgt dafür, dass die erzeugten Produkte in der gesamten Familie „gerecht" verteilt werden, sodass Kinder, Arbeiter und Großeltern versorgt sind. Da jetzt nur noch fünf Personen in der Landwirtschaft arbeiten, wird die Summe der Erzeugnisse geringer oder von etwas geringer Qualität sein. Und was kann der Verteilminister verteilen? Maximal das, was die verbleibenden fünf Personen erzeugen. Mehr als das wird nicht produziert und deshalb kann auch nicht mehr verteilt werden.

Genauso verhält es sich auch im großen Maßstab. Dort bezeichnen wir den Verteilminister als „Staat". Wir haben den Staat damit beauftragt, von dem, was die Gruppe der Arbeitenden produziert, einen Teil wegzunehmen (Steuern) und an die Gruppen der nicht Arbeitenden (Kinder, Ruheständler und Arbeitslose) zu verteilen. Und wie im Kleinen gilt auch im Großen: Mehr als erarbeitet wird, kann der Staat nicht umverteilen.

Dass der Staat die wegen der Demographie und dem Produktivitätsrückgang wegbrechenden Steuereinnahmen und Beiträge zur Sozialversicherung aus anderen Kassen ausgleichen kann, ist also nicht möglich. Wo sollte dieses Geld auch herkommen, wenn nicht aus der Gruppe der Arbeitenden? Wo hätte der Verteilminister von damals mehr zum Verteilen herbekommen können, wenn nicht von der Gruppe der fünf, die auf dem Feld gearbeitet haben?

Der Staat kann uns also nicht retten. Da die Gruppe der Arbeiter immer kleiner, aber absehbar nicht produktiver wird, wird auch die zu verteilende Menge kleiner. Zusätzlich wird auch noch die Gruppe der zu Unterstützenden größer. Das kann nur dazu führen, dass für alle weniger bleibt, sprich, der Wohlstand für alle geringer wird.

Zusammenfassung

Die Zukunft des Ruhestands sieht also alles andere als rosig aus. Wir haben die Weiche statt in Richtung Wachstum und Wohlstand auf einen schwierigen Weg gestellt. Wer diese Reise nicht mitmachen will, der muss sich selbst um eine Lösung für die Zukunft kümmern. Wie man das

Thema angeht, schauen wir uns in den nächsten beiden Teilen des Buches an.

Vorher kehren wir gedanklich noch einmal zum Grundgerüst des finanziellen Lebens zurück. Wir finden die Elemente Arbeiten und Ruhestand quasi deckungsgleich in der Großfamilie und im staatlich organisierten Verteilungssystem wieder. Das ist wenig überraschend. Aber auch das Element des Kapitals finden wir in beiden Versorgungssystemen wieder. Zur Zeit der bäuerlichen/handwerklichen Großfamilie hat die Generation der Eltern Teile des erwirtschafteten Einkommens gespart und in den Erhalt und Ausbau des eigenen Betriebes investiert. Mit dem Eintritt in den Ruhestand konnten sie so ihren Kindern einen Betrieb übergeben, der „auf dem neusten Stand" war. Der Ertrag, den die Eltern aus dieser Investition erhalten haben, war die Vollversorgung bis ans Lebensende durch ihre Kinder.

Auch heute machen wir das so, freilich ohne dass es uns immer wirklich bewusst ist. Die arbeitende Bevölkerung spart regelmäßig Teile ihres Einkommens, um damit die Infrastruktur des Landes in Schuss zu halten und auszubauen. Wir nennen das leider nicht sparen und investieren, sondern Steuern zahlen. Aber im Kern ist es der gleiche Mechanismus. Und wenn wir sterben, dann vererben wir diese Infrastruktur an die Generation der Kinder. Wir investieren aber noch auf andere viel wichtigere Weise. Wir stecken einen Teil des erwirtschafteten Einkommens in die Bildung der Kinder. Mag sein, dass uns das gerade nicht besonders gut gelingt, aber auch hier gilt: Wir verzichten darauf, Teile unseres Einkommens zu konsumieren, und sparen es (zahlen Steuern), um „Humankapital" aufzubauen. Es liegt in der Natur der Sache, dass wir dieses Kapital niemals aufzehren, sondern nur vererben können. Eine weitere Form von Kapital sind die Gebäude und Unternehmen in unserem Land. Sie gehören zum Produktivkapital und ermöglichen uns das Erzeugen von Produkten und Dienstleistungen über Generationen hinweg.

Kapital ist also ein Element der Zukunft. Wir leisten zu unseren Lebzeiten unseren Beitrag, profitieren von den Erträgen im Ruhestand und vererben das Kapital an die nächste Generation. Damit das gelingt, müssen wir alles dafür tun, den Kapitalstock unseres Landes zu erhalten.

II. Leben

Willkommen im Leben!

Was die Finanzen anbelangt – und darum geht es ja in diesem Buch –, haben wir alle mehr oder weniger die gleichen Herausforderungen im Leben zu bewältigen. Insbesondere die Frage, wie wir mit unseren Einnahmen umgehen, ist zentral. Darauf sollten wir eine solide Antwort finden, sonst quält sie uns immer wieder. Dabei sollten wir verschiedene Zeitabschnitte im Blick haben.

Die gewohnte und kleinste zeitliche Betrachtung unserer Finanzen ist der Monat, weil wir üblicherweise monatlich unser Einkommen beziehen. Der nächste sinnvolle Zeitabschnitt ist ein Jahr, weil einige unserer Ausgaben nur jährlich anfallen und sich ab Januar alles wiederholt. Wir wissen oder ahnen zumindest, dass es auch finanzielle Herausforderungen gibt, die einen längeren Betrachtungszeitraum erfordern. Um über alle Herausforderungen und Zeiteinheiten den Überblick zu behalten, dient nachfolgendes Bild.

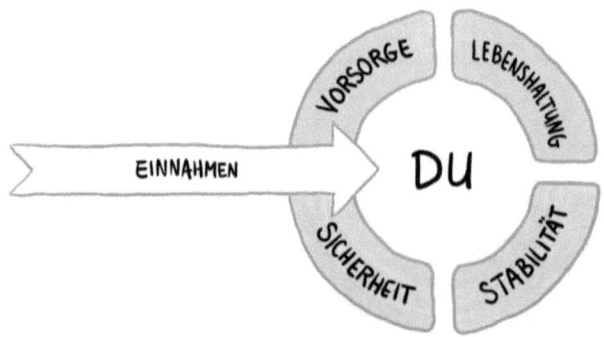

Abb. 8: Vier Bereiche der Finanzorganisation

Du bist der Mittelpunkt in deinen finanziellen Angelegenheiten. Von links kommen die Einnahmen, das wird in aller Regel dein monatliches Gehalt sein. Wenn du im Ruhestand bist, werden deine Einnahmen aus Renten- oder Pensionszahlungen bestehen und zusätzlich aus Kapitalerträgen, falls du entsprechend vorgesorgt hast. Unabhängig davon, woher deine Einnahmen stammen, können sie auf vier Bereiche aufgeteilt werden:

1) Lebenshaltung

Das meiste Geld, das reinkommt, verlässt unser Leben noch im selben Monat wieder in Form der laufenden Ausgaben. Hier können wir alles drunter verstehen, was als Ausgabe in Höhe und Zeitpunkt bereits feststeht, sei es nun monatlich, quartalsweise oder als jährliche Einmalzahlung. Zur Lebenshaltung gehören natürlich auch die üblichen Ausgaben für Nahrungsmittel, Mobilität und dergleichen, auch wenn die Höhe dieser Ausgaben von Monat zu Monat leicht variiert.

Es gibt aber auch Ausgaben, die im Laufe eines Jahres fällig werden, von denen wir die genaue Höhe oder den genauen Zeitpunkt noch nicht kennen (z. B. neue Schuhe, Nebenkostennachzahlung usw.). Dafür wird in einem gesonderten „Topf" ein passendes Budget angesammelt. Wenn dann der Zeitpunkt kommt, an dem die Ausgabe fällig wird, haben wir das Geld parat.

Wir werden auf den folgenden Seiten sehen, wie wir uns mit einer einfachen Tabelle einen sehr genauen Überblick über unsere Ausgaben verschaffen können. Beide Teile, die laufenden Ausgaben und die Ausgaben aus dem Budgettopf, beziehen sich auf den Zeitraum von einem Jahr. Beides zusammengerechnet sind die „normalen" Lebenshaltungskosten, die wir nach etwas Übung recht genau kennen und planen können.

2) Stabilität

Einige Ausgaben treffen uns unvorbereitet. Wenn zum Beispiel der Kühlschrank kaputt geht, muss er repariert oder ersetzt werden. Wir sollten uns also Rücklagen schaffen, aus denen wir unvorhergesehene Ausgaben direkt bezahlen können. Dadurch schaffen wir ein stabilisierendes Element, sodass unsere normalen Lebenshaltungskosten durch eine plötzliche Ausgabe nicht durcheinandergeraten.

Rücklagen brauchen wir auch für Anschaffungen, die wir nur in längeren Zeitabschnitten machen. Das nächste Auto, ein neues Sofa oder ein neuer Computer, das sind alles Kandidaten, die da in Betracht kommen. Auch diese Aspekte schauen wir uns auf den folgenden Seiten an und schaffen uns eine simple Tabelle, um die verschiedenen Rücklagen im Blick zu halten. Letztlich sind aber auch die Rücklagen dazu bestimmt, unser Leben in Form von Ausgaben wieder zu verlassen.

3) Vorsorge

Wie wir in Kapitel I gesehen haben, sollten wir einen Teil unserer Einnahmen für die Altersvorsorge verwenden. Dieser Teil verlässt den Bereich Leben und wandert auf die Ebene des Kapitals (siehe dazu noch mal Abb. 1 auf Seite 13). Was wir dort mit dem Geld machen, sehen wir im dritten Kapitel des Buches.

4) Sicherheit

Das Leben ist voller unvorhersehbarer Überraschungen. Das macht uns schon auf der Ausgabenseite mehr Mühe, als wir uns wünschen. Aber um das finanzielle Leben vollständig zu betrachten, müssen wir auch einen Blick auf die Einnahmenseite werfen und uns fragen, was ist, wenn die Einnahmen nicht wie geplant (und gewohnt) kommen. Für einen solchen Fall sollten wir vorsorgen, damit uns nicht sofort unsere Planung um die Ohren fliegt, wenn die Einnahmen ausbleiben. Diese Art der Vorsorge nenne ich Einnahme-Ausfall-Versicherung (EAV).

Die Einnahmen müssen nicht ganz ausbleiben, es gibt auch Fälle, wo das Einkommen dauerhaft auf ein geringeres Niveau fällt. So habe ich es selbst erlebt, als ich bei einer Tochtergesellschaft eines Konzerns angestellt war. Da die Umsätze der Gesellschaft rückläufig waren, mussten die Personalkosten gesenkt werden. Um Entlassungen zu vermeiden, wurde für alle Mitarbeiter die Wochenstundenzahl um 10 % reduziert und das Gehalt um fast den gleichen Prozentsatz.

Wenn du eine Festanstellung hast, solltest du mindestens so viel Geld zurücklegen, dass du für einen kompletten Monat deine Ausgaben davon in gewohnter Weise weiter bestreiten kannst. Besser sind zwei oder drei Monate Reichweite deiner EAV. Und genau so sollten es auch Rentner und Pensionäre machen, weil auch deren regelmäßige Einnahmen einmal ausbleiben können.

Wenn du selbständig bist, solltest du unbedingt eine EAV für dich aufbauen oder bei einer Versicherungsgesellschaft abschließen, die mindestens ein Jahr reicht. Richtig gelesen: Du legst so viel Geld zurück, dass du ein komplettes Jahr lang auf Einnahmen verzichten und trotzdem deine Lebenshaltung in gewohnter Weise fortführen kannst. Was auch immer der Grund für den Ausfall deines Einkommens sein wird, ein Jahr gibt dir genug Zeit, eine Lösung zu finden. Denk daran, den zurückgelegten Betrag regelmäßig an deine steigenden Lebenshaltungskosten anzupassen. Noch besser wäre es, wenn du den zurückgelegten Betrag schrittweise weiter erhöhst, sodass deine EAV eine Reichweite von zwei Jahren erreicht.

Wie baust du nun deine EAV auf? Solange du im aktiven Berufsleben stehst, kannst du beispielsweise eine Berufsunfähigkeits-Versicherung abschließen. Diese fängt bei Monatsbeiträgen von ca. 50 Euro an, um ein Einkommen von ca. 2.000 Euro abzusichern. Darüber hinaus gibt es diverse „Ausfallversicherungen", die auf Betriebe, Praxen oder andere Ausfälle abzielen. Die Ausgestaltung solcher Versicherungen ist sehr individuell und muss gut überlegt sein.

Im einfachsten Fall sparst du dir deine EAV einfach selbst an. Der Vorteil ist, dass diese Lösung auch für den Ruhestand geeignet ist, und darüber hinaus kann das Geld deiner eigenen EAV später natürlich vererbt werden. Wie bei einer Versicherung solltest du von monatlichen Zahlungen ausgehen und deine EAV schrittweise füllen. Da sie besonders wichtig ist, sollten im ersten Schritt hohe monatliche Zahlungen in die EAV gehen, bis sie dich mindestens einen Monat absichern kann. Wenn dieser Schritt geschafft ist, können für den zweiten Schritt die monatlichen Zahlungen um ein Drittel reduziert werden. Der dritte Schritt zur Sicherheit kann dann mit einer weiter reduzierten monatlichen Rate erreicht werden.

Einnahme-Ausfall-Versicherung (EAV)	Angestellte, Rentner/Pensionäre	Selbständige, Unternehmer
Reichweite Schritt 1	1 Monat	3 Monate
Reichweite Schritt 2	2 Monate	1 Jahr
Reichweite Schritt 3	3 Monate	2 Jahre

Tabelle 2: Reichweite EAV; eigene Darstellung

Vielleicht hast du bereits Ersparnisse, die du für „alle Fälle" zurückgelegt hast, und kannst mit diesen schon einen großen Teil deiner EAV abdecken. Dann sind in Zukunft nur noch geringe Zahlungen zum weiteren Aufbau der EAV erforderlich.

Im Laufe der Jahrzehnte wird dein Einkommen vermutlich steigen. Du solltest also auch später nicht vergessen, ab und zu einen kleinen Betrag in die EAV zu stecken, damit ihre Reichweite nicht hinter deinen tatsächlichen Einnahmen zurückbleibt.

Das Geld, das wir als Versicherung für den Ausfall unserer Einnahmen zurücklegen, sollte möglichst liquide sein, auch wenn es keine großen Zinsen bringt. Es sollte daher nicht in langfristige Festgelder, Aktien oder Ähnliches angelegt werden und wir können dieses Geld auch nicht im Hinterkopf für den Kauf des nächsten Autos verplanen oder als Rücklage für den kaputten Kühlschrank betrachten. Behandle es, als hättest du tatsächlich eine EAV bei einer Versicherungsgesellschaft abgeschlossen. Am besten ist, wenn du für deine EAV ein eigenes Konto anlegst, es mit entsprechender Reichweite füllst und dann vergisst, dass du dieses Konto hast.

Zusammenfassung

Schauen wir noch einmal auf die vier Bereiche, auf die sich deine Einnahmen aufteilen. Der wesentliche Teil sind die Ausgaben für die Lebenshaltung. Diese Ausgaben fallen meist jeden Monat an und fressen den größten Teil der Einnahmen direkt wieder auf. Ausgaben, die nicht monatlich, sondern im Laufe des Jahres anfallen, können wir über einen Budgettopf steuern. Diese beiden Teile der Lebenshaltung beziehen sich auf einen Zeitraum von einem Jahr und sind der Hauptteil der finanziellen Lebensplanung.

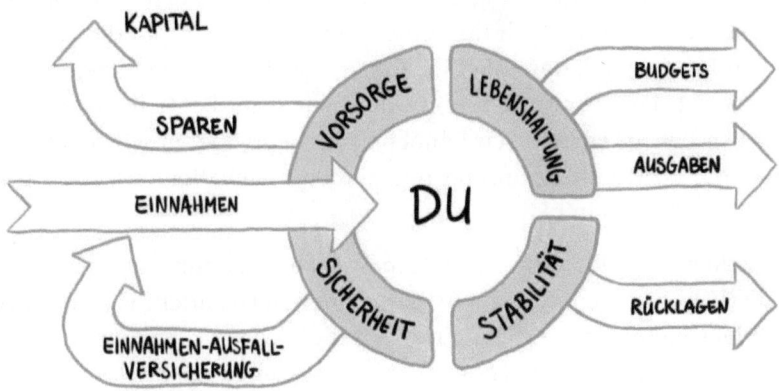

Abb. 9: Struktur der Finanzorganisation

Für weitere Ausgaben bilden wir Rücklagen. Diese Ausgaben kommen ungeplant (Kühlschrank kaputt) oder in zeitlich größeren Abständen (nächstes Auto) auf uns zu. Wenn wir Rücklagen in ausreichender Höhe angesammelt haben, tragen diese entscheidend dazu bei, dass unsere Planung nicht durcheinandergerät, wenn die Ausgaben tatsächlich fällig werden. Die Rücklagen sind also ein wichtiges stabilisierendes Element in unserer Finanzplanung.

Wir können unsere Einnahmen nicht komplett ausgeben. Wir müssen Vorsorge treffen für die Zukunft. Der Teil unseres Einkommens, den wir für die Vorsorge abzweigen, wird niemals ausgegeben. Er verlässt zunächst den Bereich unseres Lebens in die Ebene des Kapitals und kommt später (im Ruhestand) in Form von Erträgen wieder zu uns zurück.

Der vierte Teil ist die Einnahme-Ausfall-Versicherung, die wir uns schaffen, um den plötzlichen Ausfall unserer Einnahmen für einen bestimmten Zeitraum kompensieren zu können. Dieser Teil gibt uns die Sicherheit, dass bei Ausbleiben der Einnahmen nicht sofort unser ganzes finanzielles Leben aus den Fugen gerät.

Alle vier Teile stehen in ständiger Konkurrenz miteinander. Jeder Teil will möglichst viel von den Einnahmen auf sich ziehen. Du willst jetzt einen hohen Lebensstandard genießen. Du willst genügend Rücklagen für Reparaturen und die Anschaffung eines schicken Autos haben. Aber natürlich willst du auch ordentlich für deine Zukunft vorsorgen und nicht zuletzt auch für den Fall, dass die Einnahmen ausbleiben, abgesichert sein. Genau das ist das Spannungsfeld, in dem wir beim Betrachten unseres finanziellen Lebens stehen. Wir können es auflösen, indem wir uns Klarheit über die Verwendung unserer Einnahmen verschaffen und diese mit passenden Hilfsmitteln planen.

Das Erstellen einer Planung ist einfacher, als es sich anhört. Aber eines kann die Planung nicht: uns mehr Einnahmen verschaffen. Wir können nur so viel Geld auf die vier Bereiche verteilen, wie wir einnehmen. Das gilt für den Zeitraum unseres gesamten Lebens gleichermaßen wie für die Betrachtung eines Kalenderjahres. Was die Planung aber kann, ist, dafür zu sorgen, dass keiner der vier Bereiche in Vergessenheit gerät. Du stehst mit deinem Plan im Mittelpunkt deines finanziellen Lebens und entscheidest, wo wie viel Geld hinfließt. Du sitzt an den Schalthebeln, mit denen du deine Einnahmen auf die vier Bereiche aufteilst und hast somit die Verantwortung dafür, es passend für dein Leben zu tun.

Vorbetrachtungen

Bevor wir mit der Planung anhand eines konkreten Beispiels starten, noch ein paar grundlegende Gedanken und Hinweise dazu.

1) Dispokredit auf null bringen und nie mehr nutzen

Solltest du regelmäßig den Dispokredit deines Girokontos nutzen, reduzierst du durch die anfallenden Zinsen dauerhaft deine finanziellen Möglichkeiten. Diese Zinsen zahlst du aus deinem Einkommen an die Bank und kannst folglich nicht mehr dein komplettes Einkommen auf die vier Bereiche verteilen. Wenn du im Dispo bist, verwende erst die Gelder, die du für EAV und Vorsorge einplanst, um den Dispo auf null zu bringen. Dann sparst du fortan die Zinsen und kannst mehr Geld verteilen.

Das Gleiche gilt für jede Art von Konsumkredit. Mit Krediten ziehen wir den Konsum zeitlich vor und verringern gleichzeitig für längere Zeit unser verteilbares Einkommen, weil wir fortan Raten und Zinsen an die Bank zahlen müssen. Wenn du solche Kredite hast, sieh zu, dass du sie möglichst schnell abbezahlst. Danach bleibt dir mehr von deinem Einkommen – das ist wie eine Gehaltserhöhung, die du dir selbst verschaffst.

Entscheidung	Konsum	Zinsen	verteilbares Einkommen
Kredit	sofort	an die Bank	verringert sich
Sparen	später	an dich	erhöht sich

Tabelle 3: Unterschied zwischen Kredit und Sparen; eigene Darstellung

2) Alle vier Bereiche berücksichtigen

Bei deiner Planung betrachtest du dein komplettes finanzielles Leben. Daher muss deine Planung tatsächlich auch alle vier Bereiche umfassen und jedem Bereich einen realistischen und fairen Anteil deines Einkommens zukommen lassen. Es ist nicht sinnvoll, vor lauter Begeisterung für das interessante Feld der Kapitalanlage alle Einnahmen, die über die monatlichen Ausgaben hinausgehen, in Aktien zu stecken und dabei zu ignorieren, dass keine Rücklagen für eine neue Waschmaschine oder gar das nächste Auto vorhanden sind. So ein Plan fällt dir früher oder später auf die Füße, weil die Waschmaschine nicht ewig hält.

Genauso unsinnig wäre, wenn du heute alle Einnahmen für die Ausgaben verplanst und die Bereiche Vorsorge, Sicherheit und Stabilität auf später verschiebst. Du gewöhnst dir diesen schlechten Umgang mit deinen Einnahmen an und wenn dann „später" gekommen ist, ist es zu spät, um Jahre der Versäumnis nachzuholen. Also: richtig oder gar nicht planen.

3) Sei ehrlich zu dir selbst

Die GEZ-Gebühren und die Miete stehen fest und sind in der Planung einfach zu berücksichtigen. Anders sieht es bei Ausgaben aus, die wir nur ungefähr kennen und daher abschätzen müssen, zum Beispiel die Ausgaben fürs Tanken. Wir kennen die Entwicklung der Spritpreise nicht und wissen nicht, in welchem Monat wir wie viele Kilometer fahren. In solchen Fällen muss also eine realistische (keine optimistische!) Abschätzung in unseren Plan einfließen. Was für dich realistisch ist, kannst nur du selbst beantworten. Niemand kennt dein Ausgabeverhalten besser als du selbst. Das ist ein wesentlicher Punkt: Der Plan geht nur auf, wenn er realistische Angaben enthält. Und natürlich darf man auch nichts vergessen.

Aus eigener Erfahrung weiß ich: Es macht richtig Spaß, wenn der Plan aufgeht. Und es ist absolut nicht schön, wenn man sich selbst dabei ertappt, dass man optimistisch geschummelt hat, obwohl man schon beim Planen ahnte, dass es nicht passen wird ...

4) Planungsfehler einkalkulieren

Ich erinnere mich noch an die ersten Finanzplanungen, die ich erstellt habe. Da fehlten mir wichtige Erfahrungswerte und tatsächlich habe ich auch das eine oder andere komplett vergessen. Das ist höchst ärgerlich, weil man schon nach wenigen Monaten die Planung anpassen muss. Ich empfehle daher, in den ersten Jahren bei den Ausgaben einen gewissen Betrag für Planungsfehler einzuplanen. Je länger du mit deinem Finanzplan arbeitest, desto geringer werden die Planungsfehler. Mittlerweile habe ich diese Position aus meinem Plan gestrichen.

5) Die geplanten Ausgaben sind höher als die Einnahmen

Ein weiteres Phänomen habe ich bei mir und auch bei anderen beobachtet. Wenn man ehrlich zu sich selbst ist und alle nur entfernt möglichen Ausgaben mit realistischen Werten in die Planung aufnimmt, liegen die so geplanten Ausgaben deutlich über den Einnahmen. Wie soll das bitte gehen? Die gute Nachricht ist: Du wirst nicht alle diese geplanten Ausgaben auch tatsächlich tätigen, denn du kannst bekanntlich nicht mehr ausgeben, als du einnimmst.

Das ist ein weiterer wichtiger Punkt in der Planung: Es geht nicht nur um die realistische Höhe von Ausgaben, sondern darum, ob Ausgaben überhaupt getätigt werden. Jetzt musst du deine Wünsche bzw. deinen beabsichtigten Lebensstandard auf das realisierbare Maß zurechtstutzen, und zwar so weit, dass alle vier Bereiche deines finanziellen Lebens einen ausreichenden Anteil deiner Einnahmen bekommen. Das ist ernüchternd und nicht schön, aber die Ausgaben können eben nicht größer sein als die Einnahmen.

6) Wenn es so gar nicht klappen will

Okay, nun hast du deine (Lebens-)Pläne schon zurechtgestutzt und trotzdem sind die regelmäßig notwendigen Ausgaben noch so hoch, dass zu wenig für Sicherheit und Vorsorge übrigbleibt. Was nun? Es gibt zwei Möglichkeiten: die Einnahmen erhöhen oder Ausgaben senken. Ausgaben reduzieren meint jedoch nicht, weniger Rücklagen zu bilden. Du hast realistische Werte für die Höhe der Rücklagen gefunden, wenn du die jetzt wieder reduzierst, verschiebst du die unangenehme Ausgabenkürzung nur in die Zukunft.

Kürzen wirst du müssen, also besser jetzt sofort. Schau dir die großen Ausgaben an, Wohnen gehört beispielsweise dazu. Zehn Prozent weniger für Miete können schon viele Hundert Euro im Jahr einsparen. Ja, das verlangt einen radikalen Schnitt und bedeutet Aufwand. Schau in den Spiegel und beantworte dir selbst die Frage, ob ein Umzug vollkommen unmöglich ist.

Vielleicht findest du aber auch Ausgaben, die (fast) überflüssig sind. Das Abo einer Zeitschrift, die du eigentlich gar nicht mehr regelmäßig liest. Da ist noch der teure Handyvertrag, den du schon immer mal erneuern wolltest. Das zweite Auto oder das Motorrad ist eigentlich überflüssig und kostet nur Geld. Wenn du solche Ausgaben findest, ist genau jetzt der richtige Zeitpunkt, diese Dinge zu regeln.

Wichtig ist: Wenn die Ausgaben deines Lebensstandards zu hoch sind, musst du Kürzungen im Bereich Lebensstandard vornehmen. Kürzungen zu Lasten der Rücklagen, der Sicherheit oder der Vorsorge sind tabu.

7) Im Laufe der Jahre

Es versteht sich von selbst, dass der erste erstellte Plan nicht für alle Ewigkeit bestehen bleiben kann. Ich habe mir angewöhnt, jedes Jahr zwischen Weihnachten und Neujahr die Planung für das nächste Jahr zu machen. Im ersten Jahr empfiehlt es sich, monatlich oder spätestens nach drei Monaten etwas Zeit zu investieren und zu prüfen, ob der Plan noch passt.

Unabhängig vom selbstgewählten Rhythmus müssen absehbare oder bereits erfolgte Änderungen in den laufenden oder nächsten Plan eingearbeitet werden. Einfach ist es natürlich, wenn es eine Erhöhung des Einkommens gibt. Dann sollten die Mehreinnahmen auf die vier Bereiche verteilt werden. Einen guten Ansatz finde ich, immer die Hälfte einer Erhöhung in Richtung Kapital zu schieben und die andere Hälfte auf die verschiedenen Ausgabenzweige zu verteilen. Der Anteil für die Vorsorge steigt dadurch überproportional an und das ist auch gerechtfertigt, weil genau dieser Anteil am Anfang meist etwas zu kurz kommt. Nicht zu vergessen ist auch, dass nach einer Erhöhung des Einkommens auch die EAV eine Extrazahlung benötigt, damit die Reichweite für das aktuelle Einkommensniveau passt.

Ungünstiger ist es, wenn das Einkommen konstant bleibt, aber die Ausgaben steigen oder das Einkommen sinkt, die Ausgaben aber nicht. In so eine Situation wirst du sehr wahrscheinlich irgendwann einmal geraten und dein Plan passt dann nicht mehr. Beispiele für steigende Ausgaben sind Stromkosten, GEZ-Gebühren, Versicherungsbeiträge usw. Das kannst du in der Regel gar nicht beeinflussen. In beiden Fällen hilft nur, das Einkommen wieder zu erhöhen oder die Ausgaben zu senken. Wie man den Rotstift bei den Ausgaben ansetzt, habe ich oben schon beschrieben. Dein Plan kann übrigens nichts dafür, dass die Ausgaben steigen. Auch für geringere Einnahmen kannst du den Plan nicht verantwortlich machen. Der Plan hilft dir aber ungemein dabei, anhand der nackten Zahlen die richtigen Ansatzpunkte zu finden, um deine Finanzen wieder in einen ausgeglichenen Zustand zu bringen.

8) Du bist verantwortlich

Bei all diesen Überlegungen stellst du dir vielleicht die Frage, ob das nicht jemand anderes für dich übernehmen kann. Nein! Du bist selbst dafür verantwortlich, wie du mit deinen Einnahmen umgehst.

Du kannst jeden Monat das gesamte Geld ausgeben, das reinkommt, und auf Rücklagen und Vorsorge pfeifen. Du ahnst wahrscheinlich, dass das nicht die vernünftigste Vorgehensweise ist, aber der Kaufrausch unterdrückt die Vorahnung, dass das nicht ewig gutgehen kann. Und wenn du noch jung bist, ist ja sowieso noch Zeit genug – oder? Je älter du wirst, desto mehr nehmen die dunklen Vorahnungen Gestalt an. Die Gestalt eines verpassten finanziellen Lebens wird immer konkreter in Form von fehlenden Rücklagen und nicht vorhandener Altersvorsorge. Und irgendwann ist es zu spät, um die Versäumnisse auszugleichen.

Stattdessen kannst du dir einen Plan für dein finanzielles Leben machen. Wie einfach das geht, schauen wir uns auf den folgenden Seiten an. Zugegeben, es erfordert initial etwas Zeitaufwand und Gehirnschmalz. Aber nach wenigen Jahren geht dir das in Fleisch und Blut über und wird so selbstverständlich wie die Planung deiner nächsten Urlaubsreise, die ja auch jedes Jahr etwas Aufwand von dir verlangt. Dein Plan ist so aufgebaut, dass er dein komplettes finanzielles Leben organisiert. Von heute über den Ruhestand bis hin zu dem kleinen Vermögen, das du deinen Nachkommen hinterlassen kannst. Ich habe mein finanzielles Leben dank meiner Planung souverän im Griff. Ich brauche mir keine Sorgen zu machen, dass etwas vergessen wurde oder schiefläuft. Du kannst das für dich selbst auch erreichen. Und mal ehrlich, gibt es jemanden, der mehr verdient hat, ein entspanntes finanzielles Leben zu führen, als du selbst?

9) Konten

Am einfachsten lässt sich die Struktur in der Praxis umsetzen, wenn du ein Girokonto und drei Tagesgeldkonten führst. Zusätzlich benötigst du später ein Wertpapierdepot. Was das ist, besprechen wir im dritten Teil des Buches.

Die drei Tagesgeldkonten nutzen wir für die EAV, die Rücklagen und das Budget für bestimmte Zwecke, das noch im laufenden Jahr verwendet werden soll.

Das alles könnte man natürlich auch auf einem Konto zusammenfassen. Aus meiner Erfahrung ist eine Aufteilung auf verschiedene Konten allerdings sinnvoller, damit wir uns selbst überlisten. Wenn wir alles auf einem Konto haben, sehen wir jedes Mal, wenn wir auf das Konto schauen, eine hohe Summe, aber nicht, wofür das Geld verwendet werden sollte. Wenn der Kontostand 12.000 Euro oder mehr ist, was spielt es dann für eine Rolle, dass der Urlaub 1.200 Euro kostet, obwohl eigentlich nur 1.000 Euro als Budget vorhanden sind? Wir müssen also ständig dagegen ankämpfen, dass wir uns nicht reicher fühlen, als wir sind, und aufpassen, dass wir nicht in den falschen Topf greifen. Das lässt sich konsequent und einfach lösen, wenn man sich drei Konten einrichtet. Ein Konto einzurichten, dauert nicht länger, als ein Paar Schuhe zu kaufen. Wenn ich bedenke, wie viele Paar Schuhe ich schon gekauft habe, sind die drei Konten wirklich nicht viel Zeitaufwand und sie halten sogar das ganze finanzielle Leben lang.

Der Plan

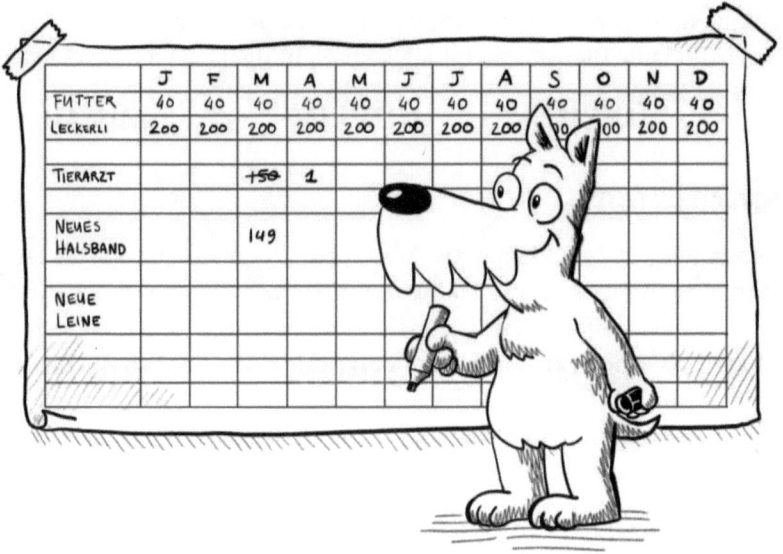

	J	F	M	A	M	J	J	A	S	O	N	D
FUTTER	40	40	40	40	40	40	40	40	40	40	40	40
LECKERLI	200	200	200	200	200	200	200	200	00	00	200	200
TIERARZT			~~+50~~ 1									
NEUES HALSBAND			149									
NEUE LEINE												

Genug der Vorbemerkungen, fangen wir mit der Planung an. Auf der Webseite zu diesem Buch findest du eine Excel-Datei. In der Datei gibt es für die wesentlichen Aspekte deines finanziellen Lebens jeweils ein Tabellenblatt, insgesamt fünf an der Zahl:

Ausgaben++	Einnahmen	DU	Budget-Konto	Rücklagen-Konto

Abb. 10: Tabellenblätter in Excel-Datei

Links ist das Blatt „Ausgaben++", hier werden die Ausgaben für Lebenshaltung und Stabilität geplant. Das Doppelplus soll also andeuten, dass hier nicht nur die Ausgaben, sondern auch die Budgets und Rücklagen eingetragen werden. Danach folgt das Blatt für die Einnahmen und in der Mitte steht das „DU"-Blatt. Auf diesem werden die Werte von den Ausgaben, den Einnahmen, der EAV und dem Sparbeitrag in Richtung Kapital saldiert.

Die Blätter Budget-Konto und Rücklagen-Konto funktionieren wie ein einfaches Kassenbuch und dienen dazu, die zurückgelegten Gelder besser im Blick zu haben. Diese beiden Kontoblätter sind als Ergänzung gedacht und müssen für die Finanzplanung nicht ausgefüllt werden.

Nachfolgend besprechen wir die einzelnen Tabellenblätter im Detail. Hier im Buch sind alle Blätter abgebildet, sodass du die Datei jetzt nicht sofort herunterladen musst.

Ausgaben planen

Beginnen wir mit dem Planen der Ausgaben. Wenn das erledigt ist, haben wir schon weit mehr als die Hälfte der gesamten Planung geschafft. Die Ausgabenseite umfasst die Lebenshaltung mit den regelmäßigen gut planbaren Ausgaben und die Budgettöpfe für die Ausgaben, die sonst noch im Laufe des Jahres anfallen. Zur Ausgabenseite gehören ferner unter dem Gesichtspunkt der Stabilität die Rücklagen für die Ausgaben, die ungeplant oder in großem zeitlichem Abstand erforderlich sind.

Die Tabelle ist ganz einfach aufgebaut. In Spalte A tragen wir ein, wofür Geld ausgegeben wird, und in den zwölf Spalten daneben tragen wir den Betrag für den jeweiligen Monat ein. In der rechten Spalte (N) wird automatisch die Jahressumme pro Zeile errechnet. In Zeile 1 sehen wir, wie hoch die Ausgaben in den einzelnen Monaten sind, und ganz rechts in Zeile 1 wird angezeigt, wie viel pro Jahr insgesamt ausgegeben wird. Alle Werte werden hier als positive Zahlen eingetragen.

Die meisten Ausgaben sind bekannt und werden regelmäßig von unserem Konto abgebucht. Miete, Strom, GEZ usw. gehen in aller Regel per Dauerauftrag oder Lastschrift vom Konto ab. Um die Tabelle zu füllen, ist ein ausführlicher Blick auf die Kontoauszüge also der richtige Startpunkt.

Nachfolgend diskutiere ich einige der großen Ausgaben und wie wir passende Werte für die Ausgaben finden, die noch nicht klar sind.

	A	B	C	D	E	F	G	H	I	J	K	L	M	N
1	Monat (D-Schnitt: 1942)	2.940	1.835	1.610	1.600	2.175	1.910	1.930	2.225	1.910	1.600	1.955	1.610	23.300
2	Ausgaben	Jan	Feb	Mär	Apr	Mai	Jun	Jul	Aug	Sep	Okt	Nov	Dez	Jahr
3	Miete	650	650	650	650	650	650	650	650	650	650	650	650	7.800
4	Strom	50	50	50	50	50	50	50	50	50	50	50	50	600
5	GEZ		55			55			55			55		220
6														
7	Auto: Steuer					220								220
8	Auto: Versicherung	440												440
9	Auto: Sprit	80	80	80	80	80	80	80	80	80	80	80	80	960
10														
11														
12	Handy	35	35	35	35	35	35	35	35	35	35	35	35	420
13	TV + Internet	48	48	48	48	48	48	48	48	48	48	48	48	576
14														
15	Gesundheitskosten	32	32	32	32	32	32	32	32	32	32	32	32	384
16														
17	Versicherung								270					270
18														
19	Kontogebühr		10			10			10			10		40
20	Kreditkartengebühr						30							30
21														
22	Zeitschriften (Abo)	100												100
23														
24	Lebenshaltung pro Monat	400	400	400	400	400	400	400	400	400	400	400	400	4.800
25														
26	Mehrbedarf Weihnachten											300		300
27														
28	Planungsunsicherheit	30	30	30	30	30	30	30	30	30	30	30	30	360
29														
30														
31	Budget NK-Nachzahlung		180											180
32	Budget Urlaub					300	300	300	300	300				1.500
33														
34	Rücklage allg. Reparaturen	75	75	75	75	75	75	75	75	75	75	75	75	900
35														
36	Rücklage Autoanschaffung	200	200	200	200	200	200	200	200	200	200	200	200	2.400
37	Rücklage Auto-Reparatur	800												800

Abb. 11: Tabellenblatt Ausgaben++

Wohnen

Der größte Kostenblock in deinem Leben dürften die Ausgaben für das Wohnen sein. Grundsätzlich können wir zur Miete wohnen, in einer Eigentumswohnung oder in einem eigenen Haus. Am preiswertesten dürfte es sein, wenn man noch (mietfrei) bei seinen Eltern wohnt.

Miete

Betrachten wir zunächst das Wohnen zur Miete. Hier haben wir die monatlichen Zahlungen an den Vermieter für die Nettomiete und die Nebenkosten. Häufig wird beim Abschluss des Mietvertrages auch eine Kaution in Höhe von zwei Nettomieten fällig. Die Nettomiete geht in die Taschen

47

des Vermieters, während die Nebenkosten meist eine Abschlagzahlung für die Heizung und den Wasserverbrauch enthalten und diverse Gebühren (Abfallbeseitigung, Straßenfegen, Gartenpflege usw.) abdecken. In der Regel muss man zusätzlich mit einem Versorgungsunternehmen einen Vertrag für Strom abschließen, vielleicht auch für den Internetanschluss oder den Fernsehempfang.

Letztlich ist es egal, ob die Kosten für „alles rund ums Wohnen" in den Nebenkostenzahlungen enthalten oder über einzelne Verträge geregelt sind.

Wie teuer du wohnst, ist eine langfristige Entscheidung. Hier ist dringend geboten, von vornherein lieber eine Nummer preiswerter zu wählen. Wenn du dich einmal für eine Wohnung entschieden hast, die etwas zu teuer oder gerade so am Rande des Möglichen ist, sitzt du in der Falle. Man wechselt die Wohnung nicht mal eben so, nur um 20 Euro weniger Miete pro Monat zu zahlen. Der Aufwand eines Umzugs ist viel zu groß.

Wenn du berufstätig bist und fünf Tage pro Woche deine Arbeitsstelle aufsuchst, ist deine Wohnung in der Zeit leer und ungenutzt. Und für deinen Schlaf macht es auch keinen Unterschied, ob dein Bett in einer 50- oder 100-Quadratmeter-Wohnung steht. Das gilt auch, wenn ihr zu zweit wohnt und beide berufstätig seid. Etwas anders sieht es natürlich aus, wenn die Wohnung den ganzen Tag über genutzt wird, weil z. B. Kinder im Haus sind oder nur eine Person außer Haus arbeitet. Aber der Grundgedanke gilt auch hier: Bleib besser deutlich unter dem maximal Möglichen.

Mit dem Unterschreiben des Mietvertrages bindest du dich und die Kosten für das Wohnen werden steigen, verlass dich darauf. Dass die Miete gesenkt wurde, habe ich noch nie gehört, aber dass die Kosten steigen, sehe ich jedes Jahr. Wenn bei dir der nächste Umzug ansteht, versuch also, klein zu bleiben und eine dauerhaft preiswerte Lösung für dich zu finden, die noch „Luft" nach oben lässt.

Eigentum
Viele hegen den Wunsch, in den „eigenen vier Wänden" zu wohnen. Aber was bedeutet das eigentlich in Bezug auf unser monatliches Einkommen?

In aller Regel hat man nicht genug Geld angespart und muss einen Immobilienkredit aufnehmen, den man langfristig abzahlt. Dafür fällt die monatliche Mietzahlung weg. Die einfache Rechnung lautet also, dass die Kreditrate so hoch ist wie die monatliche Nettomiete und alles andere bleibt gleich.

Aber Vorsicht, es kommen weitere Zahlungen auf dich zu, die du als Mieter nicht hast. Da sind zum einen die Kosten, die dein Vermieter nicht auf deine Nebenkosten umlegen konnte, die du aber jetzt als Eigentümer zahlen musst, z. B. für die Verwaltung der Immobilie. Darüber hinaus musst du Rücklagen für Instandhaltungsmaßnahmen schaffen. Reparaturen, Gebäudeisolierung, neue Heizung und vieles mehr kann und wird auf dich zukommen, denn die Immobilie wird älter. Dabei ist es egal, ob du mit deiner Eigentumswohnung Teil einer Eigentümergemeinschaft bist oder ein eigenes Haus besitzt.

Ein Argument für die eigene Immobilie ist, dass man mit einer abbezahlten Immobilie im Alter keine Miete mehr zahlen muss. Das stimmt natürlich, hat aber auch zur Folge, dass die Immobilie, die man in jungen Jahren erwirbt, größer und komfortabler (und damit teuer) ausfällt, als sie in der Zeit der Berufstätigkeit eigentlich sein müsste. Auch wie sich die Berufs- und Familiensituation entwickelt, ist in den meisten Fällen auf lange Sicht nicht vorhersehbar. Einen lukrativen Job in einer anderen Stadt anzunehmen, fällt schwerer, wenn man dafür die eigene Immobilie verlassen muss. Auf das Thema Immobilien gehen wir später noch einmal ein.

Schauen wir nun auf den Ausgabenplan. In der Beispieltabelle gehen wir von einem bescheidenen Mietverhältnis aus. Das bedeutet, dass monatlich 650,– Euro an den Vermieter gehen. Zusätzlich berücksichtigen wir 50,– Euro für Strom und die quartalsweisen GEZ-Gebühren. Damit sind schon mehr als 8.600 Euro pro Jahr weg.

2	Ausgaben	Jan	Feb	Mär	Apr	Mai	Jun	Jul	Aug	Sep	Okt	Nov	Dez	Jahr
3	Miete	650	650	650	650	650	650	650	650	650	650	650	650	**7.800**
4	Strom	50	50	50	50	50	50	50	50	50	50	50	50	**600**
5	GEZ		55			55			55			55		**220**

Abb. 12: Ausgaben für Wohnen

Auto (Mobilität)

Nach dem Wohnen ist die Mobilität der zweitgrößte Kostenblock, zumindest dann, wenn wir ein eigenes Auto benötigen. Ideal ist, wenn du kein Auto brauchst, weil du in bequemer Nähe zu deiner Arbeitsstelle eine Wohnung findest und die Geschäfte des täglichen Bedarfs fußläufig zu erreichen sind. In Städten mit guter Verkehrsinfrastruktur kann man durchaus auf das eigene Auto verzichten; im Bedarfsfall leiht man sich eines. Ich habe das so gemacht, als ich Anfang 2000 aus beruflichen Gründen nach Frankfurt gezogen bin. Von meiner Wohnung aus konnte ich in fünf Minuten mit dem Fahrrad ins Büro fahren. Das Auto habe ich daher abgeschafft und bin längere Strecken mit der Bahn oder mit einem Leihwagen gefahren.

Anders sieht es aus, wenn du auf dem Land wohnst, Homeoffice nicht infrage kommt oder du aus beruflichen Gründen flexibel unterwegs sein musst. Dann kommst du um das eigene Auto nicht herum. In diesem Fall müssen wir bei unserer Finanzplanung vier Aspekte berücksichtigen:

- Anschaffung
- Wartung und Reparatur
- Steuer & Versicherung
- Spritkosten

Anschaffung
Ob du dein Auto beim Kauf direkt bezahlst, einen Kredit aufnimmst oder einen Leasingvertrag machst, ist im Grunde genommen gleich. In allen drei Fällen hast du eine regelmäßige, typischerweise monatliche Zahlung von rund 200 Euro und mehr, entweder, um für das nächste Auto zu sparen oder um den Kredit abzubezahlen oder die Leasingraten.

Beim Auto hast du das größte Einsparpotenzial, wenn es nicht alle zwei Jahre ein fabrikneues Modell sein muss. Wenn du ein preiswertes gebrauchtes Auto anschaffst oder den Wagen mehr als zehn Jahre lang fährst, kommst du vielleicht mit weniger als 200 Euro pro Monat hin. An dieser Stelle solltest du dir nichts vormachen, sei ehrlich zu dir und mache eine realistische Angabe für die monatliche Belastung.

Wenn du einen Kredit oder Leasingvertrag hast, sind die monatlichen Zahlungen klar. Wenn du selbst auf das nächste Auto sparst, richte einen Dauerauftrag ein, der monatlich einen festen Betrag auf ein Extrakonto schiebt. In der Beispieltabelle bilden wir jeden Monat Rücklagen in Höhe von 200 Euro für die Anschaffung des nächsten Autos.

2	Ausgaben	Jan	Feb	Mär	Apr	Mai	Jun	Jul	Aug	Sep	Okt	Nov	Dez	Jahr
36	Rücklage Autoanschaffung	200	200	200	200	200	200	200	200	200	200	200	200	**2.400**

Abb. 13: Rücklagen für Autoanschaffungen

Wartung/Reparatur

Du brauchst ein gewisses Budget, um Wartung und Reparaturen zu bezahlen. Dazu gehören regelmäßig Scheibenwischer, Reifen, TÜV, Inspektion und Reparaturkosten. Die Höhe hängt vom Alter und Zustand des Fahrzeugs ab. Auch hier solltest du dir nichts vormachen. Wenn das Auto die letzten Jahre regelmäßig in der Werkstatt war und die Reparaturen immer über 600 Euro gekostet haben, ist es Unfug, mit einem Budget von 500 Euro zu kalkulieren. Nimm besser direkt 800 Euro. Wenn am Ende des Jahres etwas davon übrigbleibt, stocke damit das Budget im nächsten Jahr auf. Nichts ist ärgerlicher, als wenn die ganze Finanzplanung platzt, nur weil wir uns selbst beschummelt und bei der Planung viel zu kleine Werte angesetzt haben.

Wenn du gerade dein erstes Auto bekommen hast oder mit dem Gedanken spielst, eines anzuschaffen, dann fehlen dir naturgemäß diese Erfahrungswerte. Frag einfach jemanden in der Familie oder im Freundeskreis nach einer realistischen (nicht optimistischen!) Einschätzung.

Was tragen wir also ein: Wenn dir die Termine und Beträge für TÜV und Inspektion bereits bekannt sind, trag diese Werte in die entsprechenden Monate ein. Zusätzlich solltest du schon im Januar/Februar so viel Geld in den Topf für Wartung/Reparatur einzahlen, dass er maximal gefüllt ist. Wenn das Auto im März kaputt geht, brauchst du das Geld. In unserem

Beispiel wird am Anfang des Jahres direkt eine Rücklage für eventuelle Auto-Reparaturen in Höhe von 800 Euro gebildet.

2	Ausgaben	Jan	Feb	Mär	Apr	Mai	Jun	Jul	Aug	Sep	Okt	Nov	Dez	Jahr
37	Rücklage Auto-Reparatur	800												800

Abb. 14: Rücklagen für Auto-Reparatur

Steuer & Versicherung
Bei der Steuer kann man nichts sparen, die muss man bezahlen, da führt kein Weg daran vorbei. Bei der Versicherung kann man auf den entsprechenden Vergleichsportalen nach einer günstigen Online-Versicherung suchen. Meist ist es zusätzlich preiswerter, wenn man den Jahresbeitrag mit einer Zahlung erledigt, statt quartalsweise oder halbjährlich den Beitrag an die Versicherung zu bezahlen.

Was tragen wir also ein: Wann und wie viel das Finanzamt abbuchen will, steht im Steuerbescheid. Wann und wie viel du für die Versicherung zahlen musst, steht in der Versicherungspolice. Beides tragen wir einfach in den entsprechenden Monaten ein. In unserem Beispiel wird die Kfz-Steuer im Mai fällig und die Versicherung wird direkt am 1. Januar abgebucht.

2	Ausgaben	Jan	Feb	Mär	Apr	Mai	Jun	Jul	Aug	Sep	Okt	Nov	Dez	Jahr
7	Auto: Steuer					220								220
8	Auto: Versicherung	440												440

Abb. 15: Ausgaben für Kfz-Steuer und Versicherung

Spritkosten
Hier ist es etwas schwieriger, für jeden Monat einen passenden Wert in die Tabelle einzutragen. Vorteilhaft ist, wenn der Betrag, den du im Plan einträgst, mit einer konkreten Ausgabe verbunden ist und so Plan und Praxis zusammenpassen. Es muss also nicht jeden Monat der gleiche Betrag eingeplant werden. Auch längere Fahrten wie Urlaub oder Besuche weit entfernt lebender Freunde und Familie können schon in der Planung berücksichtigt werden.

Im einfachsten Fall tankst du einmal im Monat, im Schnitt für 80 Euro. Dann trägst du für jeden Monat 80 oder etwas mehr in die Tabelle ein. Wenn du unregelmäßig tankst, ermittle einen Durchschnittswert pro Monat. Wenn wir es nicht konkreter wissen, arbeiten wir mit solchen Ansätzen, aber es vereinfacht die Planung ungemein, wenn du konkrete Vorgänge aus der Praxis, also konkrete Abbuchungen von deinem Girokonto, zeitlich und in ihrer Höhe passend in die Tabelle eintragen kannst. Wenn du jeden Monat 115 Euro Spritkosten planst, aber in der Praxis alle drei Wochen für 80 Euro tankst, passen Plan und Praxis einfach nicht zusammen. Du solltest dann entweder die Wochen auszählen und für die Monate 80 Euro oder 160 Euro planen oder deine Tankgewohnheit so ändern, dass mit 2 x Tanken im Monat etwa 115 Euro fällig sind.

In der Beispieltabelle gehe ich der Einfachheit halber von 80 Euro Spritkosten pro Monat aus.

2	Ausgaben	Jan	Feb	Mär	Apr	Mai	Jun	Jul	Aug	Sep	Okt	Nov	Dez	Jahr
9	Auto: Sprit	80	80	80	80	80	80	80	80	80	80	80	80	960

Abb. 16: Ausgaben für Spritkosten

Weitere monatliche Kosten

Beim Durchforsten deiner letzten Kontoauszüge findest du wahrscheinlich noch mehr Abbuchungen, die monatlich auftauchen. Handy und Internet sind obligatorische Ausgaben, um die man sich kaum drücken kann und die vermutlich monatlich abgebucht werden. Vielleicht hast du auch monatliche Ausgaben aus gesundheitlichen Gründen oder Beiträge für sportliche Aktivitäten zu leisten. Alle diese monatlichen Ausgaben gehören in die Tabelle.

2	Ausgaben	Jan	Feb	Mär	Apr	Mai	Jun	Jul	Aug	Sep	Okt	Nov	Dez	Jahr
12	Handy	35	35	35	35	35	35	35	35	35	35	35	35	420
13	TV + Internet	48	48	48	48	48	48	48	48	48	48	48	48	576
14														
15	Gesundheitskosten	32	32	32	32	32	32	32	32	32	32	32	32	384

Abb. 17: Weitere monatliche Ausgaben

Quartalsweise/jährliche Kosten

Etwas schwieriger ist es, in den Kontoauszügen die Ausgaben zu erkennen, die nur einmal im Jahr auftauchen. Da hilft neben dem Kontoauszug nur Nachdenken, indem man ein Jahr Revue passieren lässt. In der Tabelle habe ich einige Beispiele für solche Fälle aufgeführt.

2	Ausgaben	Jan	Feb	Mär	Apr	Mai	Jun	Jul	Aug	Sep	Okt	Nov	Dez	Jahr
17	Versicherung								270					270
18														
19	Kontogebühr		10			10			10			10		40
20	Kreditkartengebühr						30							30
21														
22	Zeitschriften (Abo)	100												100

Abb. 18: Quartalsweise und jährliche Ausgaben

Lebenshaltung

Bis hierher haben wir nur Ausgaben erfasst, die von vornherein feststehen und in der Regel automatisch abgebucht werden. Gefühlt haben wir aber noch nichts ausgegeben und trotzdem ist jetzt schon mehr als die Hälfte aller Ausgaben erfasst. Wenn wir die oben genannten Rücklagen für Autoanschaffung und -reparatur mitzählen, sind jetzt schon fast 2/3 der Ausgaben verplant.

Die Ausgaben für Nahrungsmittel, Getränke, Kleidung, Restaurantbesuche und Ähnliches lassen sich nur schwer einzeln planen. Wir machen es uns daher einfach und setzen 400 Euro für Lebenshaltung im Monat an. Diese 400 Euro müssen in unserem Beispiel reichen, um die Kosten für alles, was nicht als separate Ausgabe geplant ist, abzudecken. Du kannst auch einzelne Aspekte aus den Lebenshaltungskosten herausrechnen und separat planen oder dir ein Budget dafür anlegen. Wenn du z. B. ein Hobby hast, kannst du dafür ein Budget planen oder für Kleidung oder Bücher monatlich etwas in einem Budgettopf zurücklegen. Unterm Strich gilt aber: Mehr als du einnimmst, kannst du nicht ausgeben.

2	Ausgaben	Jan	Feb	Mär	Apr	Mai	Jun	Jul	Aug	Sep	Okt	Nov	Dez	Jahr
24	Lebenshaltung pro Monat	400	400	400	400	400	400	400	400	400	400	400	400	4.800
25														
26	Mehrbedarf Weihnachten											300		300
27														
28	Planungsunsicherheit	30	30	30	30	30	30	30	30	30	30	30	30	360

Abb. 19: Ausgaben für Lebenshaltung und Reserve für Planungsunsicherheit

In der Beispieltabelle taucht auch der Mehrbedarf für Weihnachten auf, der meiner Erfahrung nach in der Vorweihnachtszeit anfällt. Man könnte diesen auch über den Budgettopf planen.

Weiter oben hatte ich geschrieben, dass es in den ersten Jahren sinnvoll ist, einen gewissen Betrag für Planungsunsicherheiten zu berücksichtigen. Wenn unterjährig der Abschlag für den Strom um 10 Euro auf 60 Euro ansteigt, kannst du oben ab dem Monat der Erhöhung beim Strom eine 60 hinschreiben und hier unten von den 30 Euro 10 abziehen. Wenn die 30 Euro Planungsreserve in einem Monat nicht gebraucht werden, würde ich diese nicht ausgeben, auch wenn es verlockend ist.

Budgets und Rücklagen

Abschließend schauen wir auf den Budgettopf. Wenn die Erfahrung der Vergangenheit oder die jüngste Entwicklung der Energiepreise eine Nachzahlung der Nebenkosten vermuten lassen, sollte man sich rechtzeitig ein Budget dafür zurücklegen. Natürlich darf auch das Budget für den Urlaub nicht vergessen werden. Wenn du im September deinen Urlaub planst, muss das Budget in diesem Monat vorhanden sein. Budgets werden noch im laufenden Jahr ausgegeben.

Zusätzlich brauchen wir für plötzliche Reparaturen Geld in der Rücklage. Wenn wir diese Rücklagen nicht haben und oben schon alles Geld für andere Ausgaben verplant ist, platzt der ganze Plan, sobald eine neue Waschmaschine fällig wird. In der Beispieltabelle werden monatlich 75 Euro für allgemeine Reparaturen zurückgelegt.

2	Ausgaben	Jan	Feb	Mär	Apr	Mai	Jun	Jul	Aug	Sep	Okt	Nov	Dez	Jahr
31	Budget NK-Nachzahlung		180											180
32	Budget Urlaub					300	300	300	300	300				1.500
33														
34	Rücklage allg. Reparaturen	75	75	75	75	75	75	75	75	75	75	75	75	900

Abb. 20: Budgets und Rücklagen

Damit sind die Ausgaben für die Aspekte Lebenshaltung und Stabilität eines Jahres geplant. Im Kopf der Tabelle sehen wir die Summen für die einzelnen Monate und das Gesamtjahr.

	A	B	C	D	E	F	G	H	I	J	K	L	M	N
1	Monat (D-Schnitt: 1942)	2.940	1.835	1.610	1.600	2.175	1.910	1.930	2.225	1.910	1.600	1.955	1.610	23.300
2	Ausgaben	Jan	Feb	Mär	Apr	Mai	Jun	Jul	Aug	Sep	Okt	Nov	Dez	Jahr

Abb. 21: Summen der monatlichen Ausgaben

Im Schnitt geben wir 1.942 Euro pro Monat aus. Dieser Wert muss kleiner als unser monatliches Einkommen sein, weil auch die Bereiche EAV und Kapital noch einen Teil von den Einnahmen abbekommen sollen. Wir sehen außerdem, dass die Höhe der Ausgaben von Monat zu Monat stark schwankend ist. Der Januar ist ein absoluter Ausreißer mit fast 3.000 Euro. Das liegt daran, dass im Januar die Kfz-Versicherung abgebucht wird und wir für eine mögliche Autoreparatur 800 Euro in die Rücklage stecken. Die Versicherung lässt sich kaum ändern, aber wir können die Zahlungen für die Budgets und Rücklagen etwas feintunen, sodass die Ausgaben geglättet werden.

1	Monat (D-Schnitt: 1942)	2.940	1.835	1.610	1.600	2.175	1.910	1.930	2.225	1.910	1.600	1.955	1.610	23.300
2	Ausgaben	Jan	Feb	Mär	Apr	Mai	Jun	Jul	Aug	Sep	Okt	Nov	Dez	Jahr
34	Rücklage allg. Reparaturen	75	75	75	75	75	75	75	75	75	75	75	75	900
35														
36	Rücklage Autoanschaffung	200	200	200	200	200	200	200	200	200	200	200	200	2.400
37	Rücklage Auto-Reparatur	800												800

Abb. 22: Monatliche Ausgaben vor der Glättung

1	Monat (D-Schnitt: 1942)	2.165	2.060	1.685	1.875	2.175	1.910	1.930	2.225	1.910	1.800	1.955	1.610	23.300
2	Ausgaben	Jan	Feb	Mär	Apr	Mai	Jun	Jul	Aug	Sep	Okt	Nov	Dez	Jahr
34	Rücklage allg. Reparaturen			150	150	75	75	75	75	75	75	75	75	900
35														
36	Rücklage Autoanschaffung			200	400	200	200	200	200	200	400	200	200	2.400
37	Rücklage Auto-Reparatur	250	550											800

Abb. 23: Monatliche Ausgaben nach der Glättung

In diesem Fall habe ich die Rücklagenzahlungen für die allgemeinen Reparaturen und die Autoanschaffung aus den Monaten Januar und Februar in spätere Monate verschoben. Zusätzlich habe ich in Zeile 37 die Rücklage für die Autoreparatur auf zwei Monate aufgeteilt. Im weiteren Verlauf arbeiten wir mit dieser Version weiter.

Einnahmen planen

Das Tabellenblatt für die Einnahmen ist glücklicherweise sehr viel schneller ausgefüllt, weil es nicht so viele Eingaben erfordert.

Wenn du Angestellter bist, werden von deinem Arbeitgeber schon alle Beträge zur Sozialversicherung und die Lohnsteuer vom Bruttolohn abgezogen. Das, was auf deinem Konto ankommt, ist dein Netto-Einkommen und schnell in der Tabelle eingetragen. Das trifft sinngemäß auch auf

Rentner und Pensionäre zu. In unserem Beispiel habe ich konstante Einnahmen von 2.200 Euro pro Monat eingetragen. Damit ist die Sache schon erledigt. Wenn du zu Weihnachten eine höhere Zahlung bekommst, trägst du in dem Monat entsprechend mehr ein.

	A	B	C	D	E	F	G
1		Brutto (Netto)	USt	Ausgaben	Steuer Rücklagen	ESt Vorauszahlung	Netto
2	Jan	2.200					2.200
3	Feb	2.200					2.200
4	Mär	2.200					2.200
5	Apr	2.200					2.200
6	Mai	2.200					2.200
7	Jun	2.200					2.200
8	Jul	2.200					2.200
9	Aug	2.200					2.200
10	Sep	2.200					2.200
11	Okt	2.200					2.200
12	Nov	2.200					2.200
13	Dez	2.200					2.200
14	Summen	26.400					26.400

Abb. 24: Einnahmen Angestellter

An dieser Stelle rufen wir uns noch einmal die Einnahme-Ausfall-Versicherung (EAV) ins Gedächtnis. Mindestens ein, besser zwei oder drei Monate Reichweite sollte diese haben. In unserem Beispiel wären das also 2.200 bis 6.600 Euro.

Als Angestellter (bzw. Rentner, Pensionär) bist du jetzt schon mit der Erfassung der Einnahmen fertig und kannst zur Beschreibung der zusammenfassenden DU-Tabelle weiterblättern.

Selbständige

Die Spalten mit der dunkel unterlegten Überschrift benötigst du nur, wenn du selbständig bist und Rechnungen schreibst. In Spalte B trägst du deine Brutto-Einnahmen ein. Darin enthalten ist die Umsatzsteuer, der entsprechende Wert wird in Spalte C eingetragen.

Die Spalte D kann genutzt werden, wenn du Ausgaben hast, die mit deiner selbständigen Tätigkeit zu tun haben und nicht in den privaten Bereich gehören. Für die Steuer habe ich aus meiner Erfahrung heraus zwei Spalten vorgesehen. Quartalsweise verlangt das Finanzamt mitunter eine Steuer-Vorauszahlung für Einkommenssteuer, Soli und ggf. Kirchensteuer. Da diese Vorauszahlungen bei mir häufig geringer waren als die später festgelegte Steuerschuld, habe ich mir angewöhnt, zusätzliche Steuer-Rücklagen zu bilden. Wenn im nächsten Jahr der Steuerbescheid kommt, habe ich somit genug Geld für eine Nachzahlung. Fällt die Nachzahlung kleiner aus, habe ich für das nächste Jahr direkt wieder etwas im Steuer-Rücklagetopf.

	A	B	C	D	E	F	G
1		Brutto (Netto)	USt	Ausgaben	Steuer Rücklagen	ESt Vorauszahlung	Netto
2	Jan	5.950	950	300	200		4.500
3	Feb	5.950	950	300	200		4.500
4	Mär	5.950	950	300		6.000	-1.300
5	Apr	5.950	950	300	200		4.500
6	Mai	5.950	950	300	200		4.500
7	Jun	5.950	950	300		6.000	-1.300
8	Jul	5.950	950	300	200		4.500
9	Aug	5.950	950	300	200		4.500
10	Sep	5.950	950	300		6.000	-1.300
11	Okt	5.950	950	300	200		4.500
12	Nov	5.950	950	300	200		4.500
13	Dez	5.950	950	300		6.000	-1.300
14	Summen	71.400	11.400	3.600	1.600	24.000	30.800

Abb. 25: Einnahmen Selbständiger

Schlecht ist, wenn das Finanzamt eine Nachzahlung fordert, aber das kann man schon bei der Abgabe der Steuererklärung erkennen. Vor der Abgabe gibt es eine Vorabkalkulation und das Ergebnis kann man mit den tatsächlichen geleisteten Vorauszahlungen vergleichen. Zwischen Abgabe der Steuererklärung und dem Eintreffen des Bescheides liegen meist mehrere Wochen, man hat also Zeit genug, um sich Lösungen für drohende Nachzahlungen einfallen zu lassen. Meine Lösung heißt: Rücklagen bilden. Sache erledigt.

Für Selbständige ist eine EAV noch wichtiger als für Angestellte oder Ruheständler. Mindestens drei Monate würde mit den Zahlen in diesem Beispiel eine Rücklage von 7.700 Euro bedeuten. Die EAV sollte dann schrittweise auf 30.800 bzw. 61.600 Euro aufgefüllt werden.

DU

Schauen wir noch einmal auf das Bild mit der Organisation deiner Finanzen. Wir haben in dem Blatt Ausgaben++ den kompletten rechten Teil des Bildes erfasst. Die Bereiche Lebenshaltung und Stabilität sind also geklärt.

Auf einem zweiten Blatt haben wir die monatlichen Einnahmen aufgeschrieben. Das war schnell gemacht und wenig Aufwand.

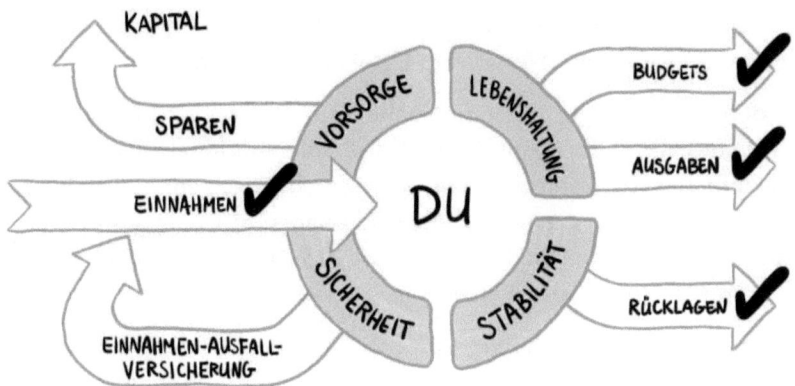

Abb. 26: Stand der Finanzplanung

Jetzt sind wir genau in der Mitte des Bildes angekommen. Das dazugehörige Tabellenblatt in der Excel-Datei heißt „DU". Hier werden die beiden vorherigen Tabellenblätter zusammengeführt und wir machen uns Gedanken darüber, welchen Anteil die beiden Bereiche Sicherheit und Vorsorge von den Einnahmen erhalten.

	A	B	C	D	E	F	G
1	Monat	Einnahmen	Ausgaben++	EAV	Sparen / Kapital	SumAb	Girokonto Monatsendstand
2	Vorjahr						100
3	Jan	2.200	-2.165			-2.165	135
4	Feb	2.200	-2.060			-2.060	275
5	Mär	2.200	-1.685			-1.685	790
6	Apr	2.200	-1.875			-1.875	1.115
7	Mai	2.200	-2.175			-2.175	1.140
8	Jun	2.200	-1.910			-1.910	1.430
9	Jul	2.200	-1.930			-1.930	1.700
10	Aug	2.200	-2.225			-2.225	1.675
11	Sep	2.200	-1.910			-1.910	1.965
12	Okt	2.200	-1.800			-1.800	2.365
13	Nov	2.200	-1.955			-1.955	2.610
14	Dez	2.200	-1.610			-1.610	3.200
15	Summen	26.400	-23.300	0	0	-23.300	3.200

Abb. 27: Tabellenblatt DU nach Planung der Einnahmen und Ausgaben

Die Tabelle enthält in den Spalten B und C automatisch die Angaben, die wir für die Einnahmen und Ausgaben eingetragen haben, weil die Tabellenblätter über Formeln miteinander verknüpft sind. In den Spalten D und E kann jetzt eingetragen werden, wie viel jeden Monat in die EAV bzw. für die Vorsorge in Richtung des Kapitals geschoben wird. Achtung: Diesmal werden die Angaben mit einem Minuszeichen voran eingetragen. Spalte F ist die Summe der Spalten C, D und E und gibt an, wie viel insgesamt im jeweiligen Monat vom Girokonto abfließt.

Besondere Beachtung verdient die Spalte G. In dieser Spalte siehst du den Stand deines Girokontos zum Ende des jeweiligen Monats. Ich habe mir angewöhnt, das Girokonto zum Jahresende nicht genau auf null zu haben, sondern jedes Jahr mit einem kleinen Guthaben auf dem Konto abzuschließen. Dieses Guthaben ist jedes Jahr gleich hoch. In dem Beispiel gehen wir mit 100 Euro Guthaben ins Jahr rein (Zelle G2).

Schauen wir uns die Rechnung, die das Tabellenblatt durchführt, noch mal für die ersten beiden Monate etwas genauer an. Im Januar nehmen wir 2.200 Euro ein und geben laut Plan 2.165 Euro aus. Das Girokonto hatte Ende Dezember einen Stand von genau 100 Euro. Der Endstand des Girokontos im Januar errechnet sich also wie folgt:

Januar: 100 + 2.200 − 2.165 = 135

Im Februar starten wir mit 135 Euro, nehmen 2.200 Euro ein und geben 2.060 Euro aus. Die Rechnung lautet also:

Februar: 135 + 2.200 − 2.060 = 275

Diese Berechnung ist für alle Monate als Formel in dem Tabellenblatt hinterlegt.

Da wir Ausgaben von durchschnittlich 1.942 Euro pro Monat geplant haben, aber monatlich 2.200 einnehmen, beträgt der Jahresendstand in Zelle G15 zunächst 3.200 Euro (Abb. 27, vorherige Seite). Wir können also insgesamt 3.100 für EAV und Kapital verteilen. Danach ergibt sich wieder der Jahresendstand von 100 Euro. Das bedeutet, dass alle Einnahmen im Laufe des Jahres verteilt wurden, nicht mehr, aber auch nicht weniger. Natürlich wäre es einfach, wenn man in den Spalten für EAV und Kapital jeden Monat den gleichen Betrag eintragen könnte. Dann könnte man entsprechende Daueraufträge einrichten und die Sache wäre erledigt. Da aber die Einnahmen konstant sind, die monatlichen Ausgaben aber zwischen 2.225 und 1.610 schwanken, würden wir so in einigen Monaten mit dem Girokonto ins Minus geraten (negative Zahl in Spalte G).

	A	B	C	D	E	F	G
1	Monat	Einnahmen	Ausgaben	EAV	Sparen (Kapital)	SumAb	Girokonto Monatsendstand
2	Vorjahr						100
3	Jan	2.200	-2.165			-2.165	135
4	Feb	2.200	-2.060	-150		-2.210	125
5	Mär	2.200	-1.685	-150		-1.835	490
6	Apr	2.200	-1.875	-150	-100	-2.125	565
7	Mai	2.200	-2.175	-150	-100	-2.425	340
8	Jun	2.200	-1.910	-150	-100	-2.160	380
9	Jul	2.200	-1.930	-150	-100	-2.180	400
10	Aug	2.200	-2.225	-150	-100	-2.475	125
11	Sep	2.200	-1.910	-150	-100	-2.160	165
12	Okt	2.200	-1.800	-150	-100	-2.050	315
13	Nov	2.200	-1.955	-150	-100	-2.205	310
14	Dez	2.200	-1.610	-700	-100	-2.410	100
15	Summen	26.400	-23.300	-2.200	-900	-26.400	

Abb. 28: Planung von EAV und Sparen

Ich habe daher eine beispielhafte Variante eingetragen, mit der das Girokonto nicht ins Minus gerät und der Aufwand trotzdem mit zwei Daueraufträgen sehr gering gehalten werden kann. Der Trick ist, dass die Daueraufträge nicht im Januar starten, sondern erst ein bzw. drei Monate später. Mit 9 x 100 Euro gehen somit 900 Euro in Richtung Kapital. Was wir damit anfangen, schauen wir uns im dritten Kapitel des Buches an. Die Rücklagen für den Einnahmeausfall werden schon ab Februar mit 150 Euro angespart und erhalten im Dezember noch eine dicke Einmalzahlung in Höhe von 550 Euro (150 + 550 = 700).

Natürlich ist das nur ein Beispiel, mit dem ich die Verwendung der Tabelle verdeutlichen will. Wenn dir der Aufbau deiner EAV sehr wichtig ist, solltest du vielleicht erst mal alles Geld in diese Richtung schieben. Wenn die EAV gefüllt ist, kann das komplette Geld für die Vorsorge in Richtung Kapital geschoben werden. Ich würde aber vorschlagen, beide Teile von Anfang an zu berücksichtigen. In den ersten Jahren bekommt die EAV mehr Geld ab, zum Kapital geht weniger. Je voller die EAV wird, desto mehr kann sich der Schwerpunkt von der EAV zum Kapital verschieben. Auf diese Weise hast du schon früh etwas Geld, das du für die Vorsorge investieren kannst, und beginnst langsam, dich mit den Möglichkeiten der Kapitalanlage zu beschäftigen.

Schauen wir uns als Beispiel noch schnell die konkrete Berechnung für den Monat April an. Wir starten mit 490 Euro, nehmen 2.200 Euro ein und geben laut Planung 1.875 Euro aus. Zusätzlich schieben wir 150 Euro in die EAV und 100 Euro in Richtung Kapital. Die Rechnung lautet:

$$April: 490 + 2.200 - 1.875 - 150 - 100 = 565$$

Wenn alles planmäßig läuft, haben wir Ende April also 565 Euro auf dem Girokonto. Dieses Geld dürfen wir jetzt aber nicht einfach ausgeben! Wenn wir die 565 Euro auf dem Girokonto haben, ist unsere Planung genau aufgegangen, wir haben aber keinen Überschuss. Das Problem ist, dass der Endstand jeden Monat anders aussieht, teilweise sogar verlockend hoch ist. Man kann also in der letzten Woche vor dem Monatswechsel mit raschem Blick auf den Kontostand nicht erkennen, wie viel Geld noch für den laufenden Monat vorhanden ist. Einfacher ist daher, wenn der Endstand jeden Monat gleich hoch ist, nämlich null.

Das kannst du erreichen, indem du den Monatsendstand des Girokontos auf einem anderen Konto parkst. Das bedeutet, immer am Anfang des Monats buchst du den Monatsendstand von deinem Girokonto ab und am letzten Tag des Monats wieder auf dein Girokonto zurück. Das mag sich aufwändig anhören. Aber ich habe für mich selbst die Erfahrung gemacht, dass dieses Vorgehen zwei Vorteile hat. Zum einen ist es schlicht einfacher, den Kontostand im Blick zu halten, wenn man weiß, dass am Monatsende genau eine null rauskommen muss. Zum zweiten habe ich mir daraus eine Gewohnheit gemacht, zum Monatsende nicht nur den Monatsendstand zurückzubuchen, sondern auch, zu prüfen, ob die Planung noch stimmt oder ich irgendetwas nachregeln muss. Das sind jeden Monat maximal zehn Minuten Aufwand. Das Geld für den Monatsendstand parke ich auf dem Budget-Konto.

Budget-Konto

Ich hatten ein paar Seiten zuvor erwähnt, dass ich drei Tagesgeldkonten verwende. Zwei davon sind für die Budgets und die Rücklagen. Diese beiden Konten kann man mit den hinteren beiden Blättern in der Excel-Datei etwas ausführlicher führen.

Im oberen Teil der Tabelle können Töpfe definiert werden. Dazu wird in Spalte A ein Kürzel oder Wort eingegeben, wobei keine Doppelnennungen möglich sind (ABC und Abc geht nicht). In der Spalte B notierst du dir, wofür dieser Topf gedacht sein soll, und fertig ist die Definition. In Spalte C siehst du, wie viel in den einzelnen Töpfen enthalten ist. Der Stand für die einzelnen Töpfe wird automatisch durch eine Formel berechnet, das brauchst du nicht selbst zu machen. Ganz oben rechts steht die Gesamtsumme aller Töpfe. Diese Summe sollte exakt mit dem Stand des realen Kontos übereinstimmen.

	A	B	C	D	E
1	Topf	Verwendung	Stand	Konto gesamt (real):	665
2	NK	Budget für Nebenkostennachzahlungen	25		
3	MES	Monatsendstand	340		
4	Urlaub	Budget für Urlaub	300		
5					
6					
7					
8					
9					
10					
11					
12					
13					
14	Datum	Text	Betrag	Zuordnung Topf	
15	01.01.24	Monatsendstand	135	MES	
16	01.02.24	Monatsendstand	-10	MES	
17	01.02.24	Budget Nebenkosten	180	NK	
18	01.03.24	Monatsendstand	365	MES	
19	01.04.24	Monatsendstand	75	MES	
20	01.05.24	Monatsendstand	-225	MES	
21	01.05.24	Sommerurlaub	300	Urlaub	
22	15.05.24	Nebenkostennachzahlung	-155	NK	

Abb. 29: Führung der Budgettöpfe

Das Budget-Konto ist mit seinem Stand Ende Mai abgebildet. Ab Zeile 15 machen wir die Eintragungen zu den jeweiligen Kontobewegungen. Einzahlungen werden als positive Zahl eingegeben, Auszahlungen sind negativ und bekommen ein Minuszeichen vorweg. Datum und Text kann man übrigens weglassen. Für die automatische Berechnung sind nur der Betrag und die Zuordnung zum Topf erforderlich (Spalten C und D).

Hier sehen wir auch die Bewegungen, die aus dem Buchen des Monatsendstands herrühren. Am 01.01. habe ich 135 Euro in den Topf Monatsendstand gesteckt. Am 01.02. habe ich 10 Euro zurück auf das Girokonto überwiesen, weil der Monatsendstand von Februar nur 125 Euro beträgt. Anfang März kamen wieder 365 Euro drauf, um den Monatsendstand von

490 Euro für März zu erreichen. Eine Buchung für den Monatsendstand finden wir in jedem Monat.

Auch bei den Nebenkosten hat sich etwas getan. Im Februar habe ich den Budgettopf mit 180 Euro gefüllt. Die Nebenkostenabrechnung kam im Mai und ich musste zum Glück nur 155 Euro nachzahlen. Diesen Betrag konnte ich also aus dem Topf nehmen.

Zum besseren Verständnis noch mal eine allgemeine Beschreibung, wie das Tabellenblatt funktioniert:

- Im oberen Teil werden Töpfe definiert. Dafür müssen in die Spalten A und B nur ein Kürzel und eine Beschreibung eingetragen werden.
- Im unteren Teil werden alle Buchungen (Ein- und Auszahlungen) erfasst und einem der Töpfe zugeordnet.

Am einfachsten dürfte sein, du lädst dir die Datei runter und machst zwei oder drei Probeeinträge, dann wird die Funktion der Tabelle sehr schnell klar.

Rücklagen-Konto

Auch für die Rücklage habe ich ein eigenes Konto und daher gibt es dafür auch ein eigenes Blatt in der Excel-Datei. Das wird genauso bedient wie das Budgetblatt und sieht in unserem Beispiel Anfang Mai etwa so aus, wie auf der nächsten Seite zu sehen ist.

Bei den Rücklagen haben wir den monatlichen Rhythmus etwas verlassen, um die Ausgaben über alle Monate hinweg zu glätten. Zur Erinnerung also noch einmal die Planung der Rücklagen. Die Buchungen für die ersten fünf Monate sind in der Tabelle bereits eingetragen.

2	Ausgaben	Jan	Feb	Mär	Apr	Mai	Jun	Jul	Aug	Sep	Okt	Nov	Dez	Jahr
34	Rücklage allg. Reparaturen			150	150	75	75	75	75	75	75	75	75	900
35														
36	Rücklage Autoanschaffung			200	400	200	200	200	200	200	400	200	200	2.400
37	Rücklage Auto-Reparatur	250	550											800

Abb. 30: Geplante Zahlungen in die Rücklage

	A	B	C	D	E
1	Topf	Verwendung	Stand	Konto gesamt (real):	1.975
2	AUA	Rücklage Autoanschaffung	700		
3	RAR	Rücklage Auto-Reparaturen	800		
4	RSR	Rücklage sonstige Reparaturen/Neuanschaffungen	475		
5					
6					
7					
8					
9					
10					
11					
12					
13					
14	Datum	Text	Betrag	Zuordnung Topf	
15	01.01.24	Auto-Reparaturen	250	RAR	
16	01.02.24	Auto-Reparaturen	550	RAR	
17	01.03.24	Autoanschaffung	200	AUA	
18	01.03.24	Sonstige Reparaturen/Neuanschaffungen	150	RSR	
19	01.04.24	Autoanschaffung	400	AUA	
20	01.04.24	Sonstige Reparaturen/Neuanschaffungen	150	RSR	
21	01.05.24	Autoanschaffung	200	AUA	
22	01.05.24	Sonstige Reparaturen/Neuanschaffungen	75	RSR	

Abb. 31: Führung der Rücklagentöpfe

Zusammenfassung

So, das war's schon! Wir haben jetzt zusammen die Basis deines finanziellen Lebens bis in den letzten Winkel ausgeleuch-
tet und eine Lösung aufgezeigt, wie du
deine Finanzen im Alltag organisieren
kannst. Damit haben wir schon die Hälfte
geschafft – und zwar die weitaus anstren-
gendere Hälfte deines finanziellen Lebens.
Die andere Hälfte, das Anlegen von Kapital, ist weitaus entspannter.

Mag sein, dass sich beim ersten Lesen
noch nicht alle Informationen für dich zu
einem vollkommen schlüssigen Bild zusammenfügen. Aber das liegt nicht
daran, dass die ganze Sache mit der Planung so komplex ist, sondern viel
mehr daran, dass die Beispielangaben mit großer Wahrscheinlichkeit
nicht genau deine finanzielle Lage widerspiegeln. Sobald du die Tabelle
mit deinen eigenen Zahlen befüllst, wird das Bild für dich sehr schnell
klarer. Daher noch mal eine Übersicht in Kurzfassung:

65

- Es geht um die Aufteilung deines Einkommens auf die vier Bereiche Lebenshaltung, Stabilität, Sicherheit und Vorsorge.
- In der Tabelle Ausgaben++ notierst du alle Ausgaben, aufgeteilt in laufende Ausgaben (Lebenshaltung), Jahresbudgets (Lebenshaltung) und Rücklagen (Stabilität).
- In einer zweiten Tabelle notierst du deine Einnahmen.
- Die Tabelle DU führt Einnahmen und Ausgaben zusammen. In dieser Tabelle legst du fest, wie sich der verbliebene Anteil deines Einkommens auf EAV (Sicherheit) und Kapital (Vorsorge) aufteilen soll.
- Die Konten für Budgets und Rücklagen können in den gleichnamigen Tabellenblättern in verschiedene gedankliche Töpfe aufgeteilt und übersichtlich geführt werden.

Das ist schon alles. So einfach kannst du deine Finanzen organisieren.

Denkst du gerade, dass es eigentlich nicht wirklich kompliziert ist, aber das Zusammentragen aller Ausgaben macht dir Kopfzerbrechen? Dann denke daran, dass rund 2/3 aller Ausgaben schon feststehen und automatisch vom Girokonto abgebucht werden. Die kannst du einfach aus den Kontoauszügen ablesen. Und wenn sich das letzte Drittel nicht so einfach aufdröseln lassen will, fasse diese Ausgaben erst mal unter wenigen Begriffen zusammen. Später kannst du sie immer noch genauer erfassen.

Dir wird mulmig bei dem Gedanken, dass mit dem Aufschreiben deiner Ausgaben dein bisheriges, vielleicht nicht immer so cleveres Ausgabeverhalten schwarz auf weiß sichtbar wird? Kein Problem, außer dir sieht das Tabellenblatt doch keiner. Sei ehrlich zu dir selbst und geh freundlich mit dir um. Wenn du deine Finanzen im Griff hast, wird sich das positiv auf dein Lebensgefühl auswirken, verlass dich drauf.

Aber wenn ich die Ausgaben aufschreibe und plane, kann ich doch nicht mehr so viel ausgeben! Das ist Quatsch, denn mehr als du einnimmst, kannst du sowieso nicht ausgeben. Durch Aufschreiben und Planen geht dir kein einziger Euro verloren.

Hm, hm, hm …

Ah! Ich weiß, du hast gerade keine Zeit, stimmt's? Das ist natürlich ein Argument. Dann geht es nicht anders, du musst die Organisation deines finanziellen Lebens weiterhin auf die lange Bank schieben. Irgendwann ist diese Bank aber zu Ende und dein finanzielles Leben fällt runter. Vermutlich tief, sehr tief sogar. Schau dir am besten Kapitel I noch mal an.

Im Grunde kannst du das Buch jetzt zur Seite legen und anfangen, deine Finanzen zu organisieren, aber das dritte Kapitel ist eigentlich der angenehmste Abschnitt im Buch. Schon mal reinzuschauen, kann nicht schaden.

III. Kapital

Wir erreichen jetzt die Kapital-Ebene – dein persönliches „next level".
Wenn du hier angekommen bist, hast du die Finanzen für das normale
Leben bereits organisiert. Auf der Kapital-Ebene agierst du langfristig
und regelst mit ruhiger Hand die Finanzen für deine Zukunft.

Im ersten Abschnitt besprechen wir konkrete Anlagemöglichkeiten und
schauen uns an, inwieweit diese für uns relevant bzw. geeignet sind. Unser Ziel ist ja nach wie vor, Kapital aufzubauen, das uns im Ruhestand
reichliche und steigende Erträge liefert. Wenn wir die unterschiedlichen
Anlagemöglichkeiten kennen, stellt sich die Frage, wie wir konkret vorgehen können, um unser Ziel zu erreichen. Wie häufig gibt es auch hier
mehrere Möglichkeiten, um diese Frage zu beantworten. Ein paar konkrete Strategien schauen wir uns daher im zweiten Abschnitt dieses Ka-
pitels an.

Naturgemäß tauchen auf der Kapital-Ebene viele Begriffe aus der Finanzwelt auf. Falls du Begriffe nicht kennst oder dir deren Bedeutung noch
einmal in Erinnerung rufen willst, kannst du dazu im Kapitel Fachwissen
nachschauen. Dort erkläre ich eine große Auswahl an Begriffen, die alphabetisch sortiert sind.

Anlagemöglichkeiten

Schauen wir uns jetzt an, welche Anlagemöglichkeiten für uns infrage
kommen. Dabei beschränke ich mich auf Anleihen, Immobilien und Aktien, weil diese durch ihre regelmäßigen Erträge am ehesten für eine Versorgung im Ruhestand geeignet sind. Das soll nicht heißen, dass man mit
anderen Anlagemöglichkeiten nicht auch vermögend werden kann, aber
darum geht es in diesem Buch nicht.

Anleihen

Für unsere Altersversorgung kommen zwei Möglichkeiten infrage, um in Anleihen zu investieren:

- Kauf einzelner Anleihen
- Kauf von Anleihen-Fonds/-ETFs

Dabei müssen wir die Fragen erörtern, welche Mindestbeträge wir für die Anlage benötigen, wie groß die Auswahl der möglichen Investments ist, welche Risiken bestehen und wie es mit den Erträgen aussieht, die zu erwarten sind.

Anleihen im Detail

Nähern wir uns dem Thema Anleihe aus der Sicht eines Unternehmens. Wenn sich ein Unternehmen Geld leihen will, z. B., um eine neue Produktionshalle zu finanzieren, geht es vielleicht zu seiner Bank und fragt einen Kredit an. Das Risiko, dass das Unternehmen den Kredit später nicht zurückzahlen kann, trägt die Bank. Deshalb haben die kreditgebenden Banken die Geschäftsentwicklung des Unternehmens genau im Auge und nehmen mitunter auch Einfluss auf Entscheidungen des Unternehmens. Eine andere Möglichkeit ist, dass sich das Unternehmen Geld am Kapitalmarkt besorgt, indem es Anleihen ausgibt. Das Geld kommt dann von vielen verschiedenen Geldgebern, die letztlich auch das Risiko tragen, dass der Kredit später nicht zurückgezahlt wird.

Nehmen wir an, unser Beispielunternehmen will sich 30 Mio. Euro für zehn Jahre leihen und bietet dafür 6 % Zinsen pro Jahr. Es dürfte schwer sein, einen einzelnen Anleger zu finden, der die gesamten 30 Mio. verleihen will. Das Unternehmen teilt die 30 Mio. daher in kleine Kredite zu je 1.000 Euro auf, diese werden Anleihen genannt. Insgesamt gibt es also 30.000 Anleihen zum Nennwert von 1.000 Euro. Von den 30.000 Anleihen können sich verschiedenste Kapitalgeber nun so viele kaufen, wie sie haben wollen.

Der Käufer einer Anleihe gibt dem Unternehmen also einen Kredit in Höhe von 1.000 Euro. Nach der vereinbarten Laufzeit bekommt der Käufer vom Unternehmen 1.000 Euro zurück und jedes Jahr werden 60 Euro (6 % von 1.000 Euro) an Zinsen ausgeschüttet.

Der Käufer muss die Anleihe aber nicht die ganzen zehn Jahre behalten. Er kann sie jederzeit an einen anderen Investor verkaufen. Dazu bietet er seine „gebrauchte" Anleihe wieder am Kapitalmarkt an und wenn sich ein Käufer findet, bekommt der Altbesitzer den Kaufpreis und der neue Besitzer fortan die Zinsen und am Ende die Rückzahlung vom Unternehmen.

Dass Anleihen, also Kredite, am Kapitalmarkt ge- und verkauft werden, hört sich vielleicht seltsam an. Aber durch die Tatsache, dass ein Anleihen-Besitzer jederzeit aus dem Geschäft aussteigen kann, ist es für ihn einfacher, überhaupt Geld zu verleihen. Es entsteht letztlich ein Markt, der für Investoren jederzeit eine Möglichkeit bietet, Geld zu investieren, aber auch wieder abzuziehen. Auf der anderen Seite finden die Emittenten der Anleihen jederzeit genug Investoren, die Geld verleihen wollen.

Leider sind Anleihen mit 1.000 Euro Nennwert eher selten. Üblich ist eine Stückelung von 100.000 Euro. Dazu kommt noch, dass häufig auch ein Mindestanlagebetrag verlangt wird.

Wer tummelt sich am Anleihemarkt? Auf der einen Seite stehen die Investoren, also die Kapitalgeber. Das sind Versicherungen, Pensionsfonds, Stiftungen und andere Stellen, die Kapital anlegen wollen bzw. müssen.

Auf der anderen Seite sind die, die das Geld brauchen. Das sind Staaten, Institutionen und Unternehmen sowohl auf nationaler als auch auf internationaler Ebene.

Wenn wir also hören, dass die Bundesregierung neue Schulden machen will, dann bedeutet das nichts anderes, als dass sie Anleihen ausgibt. Auch die diversen Sondervermögen sind nichts anderes als Geldtöpfe, die durch das Ausgeben von Staatsanleihen gefüllt werden. Weitere Details zu Anleihen findest du hinten im Bonusmaterial.

Einzelne Anleihen

Anleihen für den Kapitalaufbau

Wir wissen jetzt, was Anleihen sind und wie sie funktionieren. Jetzt stellen wir uns die Frage, inwieweit wir einzelne Anleihen für den Kapitalaufbau einsetzen können.

Anleihen von Emittenten mit guter Bonität sind eigentlich eine sichere Sache. Allerdings gilt: Je besser die Bonität des Schuldners, desto kleiner die Rendite. Da wir Kapital aufbauen wollen, muss die Rendite, die wir mit Anleihen erzielen, mindestens größer als die Inflation sein, und zwar nach Steuern.

Das werden wir mit Bundesanleihen nicht schaffen, aber mit Unternehmensanleihen kann man ausreichend Rendite erzielen. Aber Vorsicht: Je größer die Rendite, desto geringer ist üblicherweise die Finanzkraft des Unternehmens.

Anleihen werden zum Ende der Laufzeit zurückgezahlt und man muss sich dann eine neue Anleihe suchen, in die man sein Geld investiert.

Anleihen als unendliche Ertragsquelle

Die Grafik von hypochart.de zeigt die Entwicklung der Renditen für Bundesanleihen von 2000 bis ca. 2023. Im Jahr 2000 hätten wir mit einer Anleihe mit zehn Jahren Laufzeit eine Rendite von 5,5 % erzielen können (zweite Linie von oben). Im Jahr 2010 wäre die Anleihe zurückgezahlt worden und wir hätten sie durch eine neue Anleihe mit etwa 3 % Rendite und zehn Jahren Laufzeit ersetzen können. Im Jahr 2020 hätten wir die auslaufende Anleihe nur durch eine neue Anleihe mit negativer Rendite verlängern können.

Abb. 32: Rendite für Bundesanleihen 2000 bis 2022, Quelle: hypochart.de/Bundesbank

Diese Zinsentwicklung[11] der Bundesanleihen zeigt deutlich, dass wir einzelne Staatsanleihen nicht in dem Zeitraum einsetzen können, in dem wir steigende Erträge für den Erhalt unseres Lebensstandards benötigen. Stell dir vor, du wärest im Jahr 2000 mit 65 Jahren in den Ruhestand gegangen und hättest dein Kapital komplett in 10-jährige Bundesanleihen investiert. Du hättest dann zunächst zehn Jahre lang 5,5 % Zinsen ohne Steigerung bekommen. 2010 wäre die alte Anleihe zurückbezahlt worden und du hättest eine weitere 10-jährige Anleihe kaufen müssen. Fortan hättest du nur noch 3 % Rendite erzielt. Im Alter brauchst du aber zunehmende Erträge. Und im Jahr 2020 hättest du dann ein richtig massives Problem bekommen … Möchtest du das erleben, wenn du 85 Jahre alt bist? Ich nicht. Also scheinen Staatsanleihen nicht das Richtige für uns zu sein.

Vielleicht bietet es sich an, bei Anleihen auf ETFs oder Fonds zu setzen. Damit kann das Problem der Stückelung und des hohen Mindestanlagebetrags umgangen werden.

Beispiel Anleihen-ETF

Auf der Seite justETF.com kann man sich die Liste mit den TOP-Anleihe-ETFs anschauen.[12] Hier locken auf den ersten Blick Ausschüttungsrenditen von mehr als 6 %. Die meisten aufgeführten ETFs investieren in hoch verzinsliche (high yield) Unternehmensanleihen (corporate bonds), die alle in US-Dollar notiert sind.

Anlagefokus ETF	Ausschüttungsrendite in EUR (aktuell)
Anleihen Welt Unternehmensanleihen USD Xtrackers USD High Yield Corporate Bond UCITS ETF 1D	+ 7,67 %
Anleihen Welt Unternehmensanleihen USD SPDR Bloomberg SASB U.S. High Yield Corporate ESG UCITS ETF USF Unhedged (Dist)	+ 7,13 %
Anleihen Welt Unternehmensanleihen USD iShares Broad USD High Yield Corporate UCITS ETF USF (Dist)	+ 6,90 %
Anleihen Emerging Markets Staatsanleihen USD Xtrackers USD Emerging Markets Bond UCITS ETF 2D	+ 6,79 %

Tabelle 4: TOP-Anleihen-ETFs mit der höchsten Ausschüttungsrendite in EUR; Quelle justETF, 02.03.24

Das Schöne an solchen Internetseiten ist, dass man mit wenigen Klicks alle Details zum ETF einsehen kann. Schauen wir beispielhaft mal in das Factsheet des obersten ETFs in dieser Liste hinein (Xtrackers USD High Yield Corporate Bond UCITS ETF 1D, Stand vom 31. Januar 2024).

Auf den ersten Blick fällt auf: Hier wimmelt es vor Warnhinweisen und unbekannten Begriffen. Aber den Kern kann man herausfinden: Der ETF soll die Wertentwicklung von handelbaren High-Yield-Anleihen, die auf US-Dollar lauten und mit Ba1/BB+/BB+ oder niedriger geratet sind, widerspiegeln.

Auf der Internetseite findet man einen weiteren Link, der das KID (Basisinformationsblatt) öffnet. Hier findet man eine Angabe zu den Ausschüttungen: „Der Fonds nimmt bis zu vier Ausschüttungen pro Jahr vor." Die historischen Ausschüttungen findet man ebenfalls auf der Internetseite, die Angaben sind schon in Euro umgerechnet. Wie man sieht, sind die Ausschüttungen in Höhe und Häufigkeit nicht konstant.

	Jan	Feb	Mär	Apr	Mai	Jun	Jul	Aug	Sep	Okt	Nov	Dez
2024		0,36			0,17							
2023		0,18			0,17			0,18			0,18	
2022		0,17				0,17		0,18			0,18	
2021				0,67					0,33			0,17
2020					0,74							
2019				0,66								
2018												

Abb. 33: Ausschüttungen des Xtrackers USD High Yield Corporate Bond UCITS ETF 1D; Quelle: justETF, 03.07.24

Anfang März 2024 liegt der Kurs des ETFs bei etwa 11,50 Euro. Die bisherigen Ausschüttungen lagen zwischen 0,66 und 1,17 Euro pro Jahr. Nehmen wir mal an, es gibt zukünftig durchschnittlich 0,70 Euro Ausschüttung pro Jahr, dann entspricht das in Bezug auf den aktuellen Kurs einer Rendite von gut 6 %.

$$Rendite = \frac{Ausschuettung\ pro\ Jahr}{aktueller\ Kurs} = \frac{0,70\ Euro}{11,50\ Euro} = 0,06 = 6\%$$

Wer richtig neugierig ist, klickt auf den Halbjahresbericht. Es öffnet sich eine PDF-Datei mit überschaubaren 1.135 Seiten. Der Titel lautet: „Zusammengefasster ungeprüfter Zwischenbericht für den zum 30. Juni 2023 endenden Berichtszeitraum". Darin sind offensichtlich die Wertpapiere aller ETFs der Firma XTRACKER aufgelistet. Unseren ETF finden wir ab Seite 520. Auf den folgenden Seiten sind dann mehrere Hundert Anleihen aufgelistet, die an der Wertentwicklung des ETFs beteiligt sind. Man erkennt also, dass der ETF wirklich ein breit gestreutes Portfolio abbildet. Allerdings hat der ETF nicht alle Anleihen wirklich im Bestand, sondern nur eine Auswahl der den Index abbildenden Anleihen. Diese Replikationsmethode nennt man „sampling".

Beispiel Anleihen-Fonds

Auf dem YouTube-Kanal[13] „Anton Gneupel – D wie Dividende" wird mehrmals im Jahr der Fondsmanager des „FU Fonds – Bonds Monthly Income" interviewt. Durch eines dieser Interviews bin ich auf den „FU Fonds" aufmerksam geworden. Auch dieser Fonds legt das Kapital in Unternehmensanleihen an. Allerdings hauptsächlich in auf Euro lautende Anleihen von Unternehmen, die in Europa ihren Hauptsitz haben.

Auf der Internetseite der Fondsgesellschaft[14] findet man reichlich Informationen. U. a. steht dort, dass die Fondsmanager signifikant mit eigenem Vermögen in dem Fonds investiert sind. Das finde ich sehr vorteilhaft.

Im Monatsbericht Jan. 2024 ist das Ratingprofil des Portfolios angegeben. Mehr als die Hälfte der Anleihen haben gar kein Rating. Das sagt nichts über die Qualität aus, es sagt nur, dass kein Rating beauftragt wurde. Die andere Hälfte liegt zwischen AA- und B-. Es sind also sowohl Anleihen aus dem Investment-Grade als auch aus dem Non-Investment-Grade enthalten.

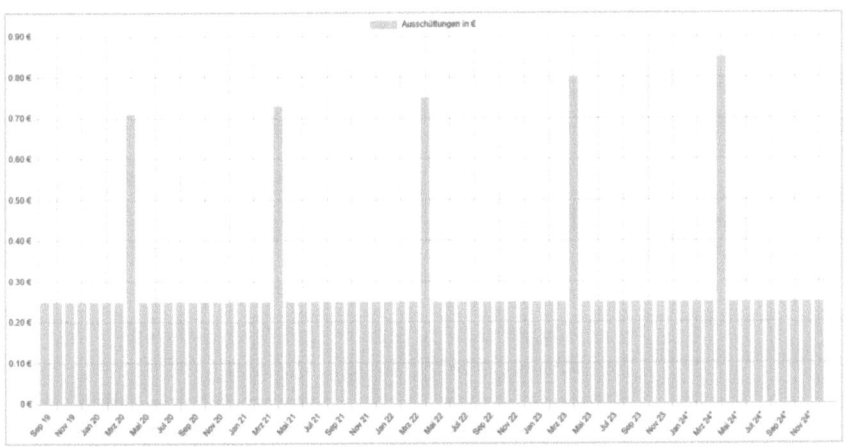

Abb. 34: Ausschüttungen des FU Fonds - Bonds Monthly Income, Quelle: Heemann

Im Vergleich zum oben beschriebenen ETF ist beim FU-Fonds die Frage nach den Ausschüttungen klar geregelt und quasi das Markenzeichen des Fonds. Der Fonds schüttet jeden Monat Erträge aus, und zwar 0,25 Euro. Jedes Jahr im April gibt es zusätzlich eine Sonderausschüttung und diese

77

steigt kontinuierlich an. Im April 2020 betrug die Sonderausschüttung 0,46 Euro und 2024 waren es bereits 0,60 Euro.

2024 sollen insgesamt 3,60 Euro pro Anteil ausgeschüttet werden. Das entspricht einer Rendite von 3,6 % in Bezug auf den Erstausgabepreis von 100 Euro. Das ist weniger als bei den ETFs und erklärt sich durch die jährlichen Gebühren, die bis zu 1,94 % betragen können. Und ein Teil der erwirtschafteten Erträge wird nicht ausgeschüttet, sondern wieder angelegt, um die jährliche Steigerung der Sonderausschüttung zu ermöglichen.

Wir kommen auf den FU-Fonds noch einmal zurück, wenn wir die Sparplan-Strategie besprechen. Dort werden wir sehen, dass es keine Selbstverständlichkeit ist, dass Anleihe-Fonds konstante oder gar steigende Ausschüttungen haben.

Zusammenfassung

Um Kapital aufzubauen, können wir Anleihen einsetzen. Vor allem Unternehmensanleihen kommen in Betracht, weil diese deutlich mehr Rendite abwerfen als Staatsanleihen. Da die Anleihekurse schwanken, kann man versuchen, einen günstigen Kaufkurs abzuwarten und so seine Gesamtrendite zu erhöhen.

	Einzelne Anleihe	Anleihen-ETF/-Fonds
Anlage-Betrag	ab 1.000 Euro	ab 25 Euro
Auswahl	gering	groß
Risiko	vom allg. Zinsniveau und Investmentgrade abhängig	geringer, da breite Streuung
Ertrag	steigende Erträge unwahrscheinlich	steigende Erträge möglich, abhängig vom Konzept

Tabelle 5: Vergleich einzelne Anleihen und Anleihen-ETFs/-Fonds; eigene Darstellung

Für die Phase, in der wir von den Erträgen unseres Kapitals unseren Lebensunterhalt bestreiten, eignen sich einzelne Anleihen eher nicht. Zum einen ist der Kupon der Anleihe fix, das bedeutet, die Zinszahlungen steigen nicht an. Unser Finanzbedarf wird aber wahrscheinlich kontinuierlich zunehmen. Zum anderen haben Anleihen eine feste Laufzeit. Nach deren

Rückzahlung muss also eine neue Anleihe gefunden werden und da besteht das Risiko, dass man gerade dann keine passende Anleihe mit wenigstens gleicher Rendite findet.

Ein Ausweg können die ETFs und Fonds sein, die in Anleihen investieren und mehr oder weniger regelmäßig die Erträge ausschütten. Im besten Fall ist die Strategie des ETFs/Fonds so angelegt, dass die Ausschüttungen langfristig ansteigen.

Immobilien

Eine interessante und auch beliebte Form, um für das Alter vorzusorgen, ist die vermietete Immobilie. Das gesparte Kapital geht in den Kauf oder in eine Beteiligung an einer Immobilie und im Ruhestand bezieht man daraus regelmäßige Mieteinnahmen. So der Grundgedanke, der nicht falsch ist. Es gibt folgende Möglichkeiten, um in Immobilien zu investieren:

- eigene Vermietung
- Kauf von REITs
- Kauf von Immobilien-Aktien
- Kauf von Immobilien-Fonds

Nachfolgend besprechen wir alle Möglichkeiten anhand eines Beispiels. Dabei werden wir Gesichtspunkte wie den minimalen Anlagebetrag, die

Auswahlmöglichkeiten, Risikoaspekte, aber auch Ertragsaussichten und mögliche Steuervorteile beleuchten.

Eigene Vermietung

Schauen wir uns zunächst an, was der Erwerb einer Immobilie bedeutet. Dabei ist kein großer Unterschied, ob man nur eine oder mehrere Wohnungen kauft oder ein ganzes Haus.

Gehen wir in der nachfolgenden Erklärung davon aus, dass eine Wohnung in einem Mehrfamilienhaus als Anlageobjekt ausgesucht werden soll. Dann müssen wir uns um vier Aspekte kümmern:

* Auswahl eines Objektes
* Kauf/Finanzierung
* Verwaltung
* Vermietung

Auf die Frage, wie man ein geeignetes Objekt findet, gibt es keine pauschale Antwort. Die Wohnung muss so beschaffen sein, dass sie langfristig gut vermietet werden kann und steigende Mieteinnahmen möglich sind. Du musst also bewerten, ob die Stadt oder der Stadtteil, in dem die Immobilie liegt, langfristig prosperiert oder zumindest nicht absteigt. Du kannst dir die Frage stellen, an wen die Wohnung vermietet werden soll. Eine Studentenwohnung liegt gerne in der Innenstadt und in unmittelbarer Nähe zur Universität. Eine Wohnung für eine Familie mit kleinen Kindern liegt nicht an der Hauptverkehrsstraße und eine Seniorenwohnung sollte in der Nähe von Ärzten und Einkaufsmöglichkeiten für den täglichen Bedarf liegen. Eine Ferienwohnung ist dort am sinnvollsten, wo man gerne Urlaub macht. Versetz dich in die Situation derer, an die du deine Wohnung vermieten willst, und überlege, ob das Umfeld passt.

Auch die Wohnung selbst musst du dir mindestens einmal, besser zweimal anschauen. Und zwar nicht nur die Wohnung selbst, sondern das ganze Haus vom Dach bis zum Keller. Nimm jemanden mit, der dich begleitet, weil zwei Leute mehr sehen als einer. Mach Fotos oder Videos, damit du dir zu Hause die Details noch mal in Ruhe anschauen kannst. Wo sind in der Küche die Anschlüsse? Wie viele Steckdosen gibt es im

Schlafzimmer? Hatte das Fenster eigentlich einen Rollladen? Solche Fragen kommen einem in den Sinn, wenn man schon längst wieder zu Hause ist. Nicht nur die Augen sind wichtig, auch die Nase. Vor allem im Keller solltest du auf muffigen Geruch achten und nach Feuchtigkeitsspuren suchen.

Zusätzlich musst du dir die Unterlagen zum Haus und zur Verwaltung des Gebäudes geben lassen. Das sind der Grundbuchauszug, die Baugenehmigung, die Teilungserklärung, die Hausordnung, die Abrechnungen für die Wohnung und die Protokolle der letzten Eigentümerversammlungen, ruhig fünf Jahre zurückliegend oder länger. Schau dir an, ob die Verwaltung gewechselt hat, ob alle Miteigentümer zuverlässig ihre Zahlungen leisten oder ob es säumige Zahler gibt. Sind Sonderumlagen beschlossen und von allen bezahlt worden? Ist die Instandhaltungsrücklage gefüllt? Was wurde in Bezug auf die Haustechnik (Heizung, Aufzug) und den Gebäudezustand (Dach, Fassade, Tiefgarage) festgehalten usw.

Auch wenn mit dem Haus und der Wohnung alles top ist, musst du dich vor dem Kauf noch schlaumachen, was auf dich in deiner zukünftigen Rolle als Immobilienbesitzer und in deiner Rolle als Vermieter zukommt. Die gesetzlichen Regelungen sind nicht nur umfangreich, sondern auch ständigen Änderungen unterworfen. Da lohnt es sich sicherlich, ein oder zwei aktuelle Fachbücher zu kaufen und diese genau zu studieren.

Parallel zur Suche nach dem Objekt muss die Frage geklärt werden, wie die Immobilie finanziert wird und mit was für einem Ertrag auf lange Sicht gerechnet werden kann. Auf der Seite von Stiftung Warentest gibt es dafür einen Rechner.[15]

Wenn man den Rechner aufruft, können mehr als 20 Parameter eingegeben werden. Ich habe alle Vorbelegungen der Felder so belassen, wie sie waren, nur den Familienstand habe ich auf „alleinstehend" umgestellt. Das vorbelegte Beispiel geht vom Kauf einer Immobilie zum Preis von 500.000 Euro aus. Die Kaufnebenkosten werden mit 50.000 Euro angenommen und mit einem Eigenkapital in Höhe von 150.000 Euro ist eine Finanzierung von 400.000 Euro erforderlich. Es wird unterstellt, dass die Netto-Mieteinnahmen im ersten Jahr 21.600 Euro betragen. Das entspricht einer Mietrendite von 3,9 %.

$$Mietrendite = \frac{Mieteinnahmen}{Gesamtkosten} = \frac{21.600}{550.000} = 0{,}039 = 3{,}9\ \%$$

Darüber hinaus können Angaben zur Mietpreisentwicklung, Instandhaltungs- und Verwaltungskosten und eine ganze Menge weiterer Prognosewerte eingegeben werden. Die Berechnung unterstellt einen Anlagehorizont von 20 Jahren und bringt folgendes Ergebnis:

So rechnet sich die Immobilie

Ergebnisse

Geschätzter Verkaufspreis (Euro)	593.043
Objektrendite nach Steuern (Prozent) **1**	3,28
Eigenkapitalrendite nach Steuern (Prozent) **2**	4,69

Abb. 35: Ergebnis der Immobilie nach 20 Jahren, Quelle: test.de

Nach zwanzig Jahren ist der Kredit aber bei weitem noch nicht abbezahlt, von den anfänglichen 400.000 Euro ist noch nicht mal die Hälfte getilgt, die Restschuld beträgt nach zwanzig Jahren noch über 220.000 Euro. Wenn man die Parameter der Berechnung ändert, kommen sicherlich noch bessere Werte als Ergebnis heraus. Aber man sollte sich sicher sein, dass die verbesserten Parameter auch realisierbar sind.

Vermietete Immobilien haben auch einen nicht zu vernachlässigenden steuerlichen Aspekt. Das geht so weit, dass du weniger Einkommensteuer auf dein aktuelles Einkommen zahlen musst, obwohl du durch die Mieteinnahmen eigentlich mehr Einkommen generierst. Um das in Bezug auf dein Einkommen und die jeweils geltende Steuergesetzgebung genau beurteilen zu können, solltest du den Rat eines Experten einholen. Mach einen Termin bei einem Steuerberater und bereite dich so gut wie möglich vor, indem du im Internet recherchierst oder ein Buch liest. Dann kannst du aus dem Termin am meisten Fachwissen rausholen.

Wenn die Wohnung so weit passt und die Finanzierung gesichert ist, muss ein Notar damit beauftragt werden, einen Kaufvertrag aufzusetzen.

Allein das Beauftragen des Notars, den Entwurf des Vertrages zu erstellen, bedeutet noch nicht, dass der Kauf auch stattfindet. Achte daher darauf, dass der Verkäufer den Notar beauftragt. Sollte der Kauf nicht zustande kommen, bekommt der Notar natürlich trotzdem seinen Aufwand bezahlt, und zwar von dem, der ihn beauftragt hat, den Vertrag zu entwerfen. Der Verkäufer kann den Vertragsentwurf auf jeden Fall noch weiterverwenden.

Schau dir den Vertrag in Ruhe an, lass gerne jemand drüberschauen, optimal jemanden, der selbst schon mal einen Immobilienkauf getätigt hat. Und dann kannst du erst mal alles in dem Vertrag ergänzen, was für dich wichtig ist. Insbesondere empfehle ich, ganz konkret aufzunehmen, wer ab wann welche Zahlungen leisten muss. Das Hausgeld und die Grundsteuer sind hier zu nennen und ggf. noch ausstehende Zahlungen für die Instandhaltungsrücklage. Nehmt auch mit auf, wie genau mit der Nebenkostenabrechnung (auch Hausgeldabrechnung genannt) umgegangen werden soll. Du kannst erst mal alles, was du willst, in den Vertragsentwurf reinschreiben. Je präziser, desto besser. Entweder, der Verkäufer akzeptiert deine Ergänzungen, ihr einigt euch auf eine andere Formulierung oder der Kauf kommt eben nicht zustande. Der Verkäufer wird das seinerseits auch machen, z. B. wird er explizit vorhandene Mängel der Wohnung aufzählen, allein, damit er später nicht mehr dafür belangt werden kann. Wenn ihr euch dann beim Notartermin trefft, wird euch der Notar den Vertrag Zeile für Zeile vorlesen und erklären, was mit den etwas ungewöhnlichen juristischen Erklärungen gemeint ist. Letztlich muss der Text des Vertrages so sein, dass Käufer und Verkäufer mit jedem Wort einverstanden sind.

Wenn der aufregende Vorgang des Kaufs abgeschlossen ist, findest du dich in der Rolle des Miteigentümers und Vermieters wieder. Die Verwaltung des gesamten Objektes ist meist an eine Verwaltungsgesellschaft ausgelagert, die das Haus insgesamt im Auge behält und auch die Hausgeld- bzw. Nebenkosten-Abrechnungen für die einzelnen Wohnungen übernimmt. Dafür bekommt die Verwaltungsgesellschaft natürlich Geld, was deine Rendite schmälert. Aber dafür hast du in der Regel eine professionelle Betreuung deines Objekts. Einmal im Jahr wird eine Versammlung aller Eigentümer durchgeführt, die Eigentümerversammlung. An der solltest du teilnehmen, damit du mitsprechen, mitstimmen und Fragen stellen kannst. Wenn du terminlich verhindert bist, kannst du jemand anderem dein Stimmrecht übertragen.

Bleibt nun noch, einen Blick auf die Rolle des Vermieters zu werfen. Ideal ist natürlich, wenn die Wohnung schon vermietet ist, wenn du sie kaufst. Dann übernimmst du den Mietvertrag und brauchst keinen neuen Mieter zu suchen. Zusätzlich musst du das Kautionskonto vom Vorbesitzer übernehmen und dem Mieter mitteilen, ab wann er die Miete samt Nebenkostenvorauszahlung an dich überweisen soll. Für die Mieteinnahmen richtest du am besten ein eigenes Konto ein, damit dies vollkommen getrennt von deinen anderen Finanzen läuft. Solltest du selbst einen Mieter suchen müssen, empfiehlt es sich, das zumindest beim ersten Mal mithilfe eines Maklers zu machen. Für den Mieter bist du als Eigentümer erster Ansprechpartner, wenn mit der Wohnung irgendwas nicht stimmt, und als Eigentümer hast du bestimmte gesetzlich festgeschriebene Verpflichtungen gegenüber deinem Mieter. Das hast du aber hoffentlich schon in Erfahrung gebracht, bevor du die Wohnung gekauft hast. Du hast aber auch Rechte, zum Beispiel das Recht, die Miete in bestimmten Abständen in gewisser Höhe anzuheben. Du musst also gelegentlich deinen Mietern einen Brief schreiben, dass es teurer wird. Diese regelmäßige Mieterhöhung ist auch in der Finanzkalkulation unterstellt. Damit die Rechnung aufgeht, muss also auch die Miete angehoben werden, auch wenn das deinem Mieter sicherlich nicht gefällt.

Ohne Zweifel ist die selbstvermietete Immobilie mit hohem zeitlichen Aufwand verbunden. Nicht nur die Suche nach einem geeigneten Objekt und der passenden Finanzierung kostet Zeit. Solange man die Immobilie besitzt, muss man sich um deren Verwaltung und Instandhaltung kümmern oder jemanden beauftragen, der das übernimmt. Den Mietern muss regelmäßig eine Abrechnung erstellt und von Zeit zu Zeit muss auch mal ein neuer Mieter gefunden werden. Ob sich dieser lebenslange Aufwand durch ein Mehr an Ertrag bezahlt macht, ist natürlich nicht sicher. Aus dem Blickwinkel der Diversifikation dürfte für die meisten von uns schon eine einzige Immobilie den größten Teil des Kapitals ausmachen, das wir für den Ruhestand ansparen. Dessen muss man sich bewusst sein.

Wenn die Immobilie mit einem Kredit finanziert wurde, ergibt sich im Vergleich zu anderen Anlageformen wie Aktien oder Anleihen ein entscheidender Nachteil. Man ist gezwungen, die Kreditraten zu bedienen. Egal wie die eigene Einkommenssituation gerade ist oder ob die Immobilie überhaupt vermietet ist, jeden Monat müssen die Kreditraten bezahlt werden. Diese Verpflichtung geht man mit dem Kauf der Immobilie und der damit verbundenen Finanzierung ein. Dazu kommt, dass man für die Instandhaltung der Immobilie und für die Erfüllung gesetzlicher Vorschriften das erforderliche Geld bereitstellen muss. Und das unabhängig davon, ob es finanziell gerade passt oder so in der persönlichen Finanzplanung vorgesehen ist. Aktien und Anleihen sind im Vergleich dazu entspannt zu sehen. Eine Verpflichtung, eine Zahlung über den Kaufpreis hinaus zu leisten, gibt es hier nicht.

Aber für diese Nachteile gibt es eine Lösung. Eine Möglichkeit, den Aufwand zu minimieren, gleichzeitig in mehrere Immobilien zu investieren und ohne Kreditverpflichtung zu operieren, bieten Immobilienaktien und Immobilienfonds.

Beispiel REIT

Im Zusammenhang mit Immobilienaktien wird man schnell auf den Begriff REIT stoßen. Das ist die Abkürzung für Real-Estate-Investment-Trust. Grob gesagt handelt es sich dabei um Investmentgesellschaften, die ihr Geld mit allem rund um das Thema Immobilien verdienen, vornehmlich aus Vermietung und Verpachtung, aber auch aus Gewinnen durch Veräußerungen oder aus Zinseinnahmen. REITs sind in Deutschland gesetzlich reguliert. Sie werden steuerlich etwas anders behandelt als reine Immobilien-Aktiengesellschaften. Die Ausschüttungen aus beiden Formen unterliegen beim Anleger gleichermaßen der Einkommensteuer. Schauen wir uns beispielhaft die Hamborner REIT AG an.

Die Hamborner REIT AG hat Gewerbeimmobilien im Bestand, vornehmlich in Westdeutschland, und vermietet diese. Zum Bestand gehören Bürogebäude, Einzelhandelsobjekte, Fachmarktzentren, Baumärkte und Ähnliches. Die Aktienbesitzer bekommen jährlich eine Ausschüttung.

Der Dividenden-Chart zeigt, dass sich die Ausschüttungen in den letzten 20 Jahren von 0,30 auf 0,48 Euro erhöht haben. Eine Steigerung von über 50 %. Nicht schlecht.

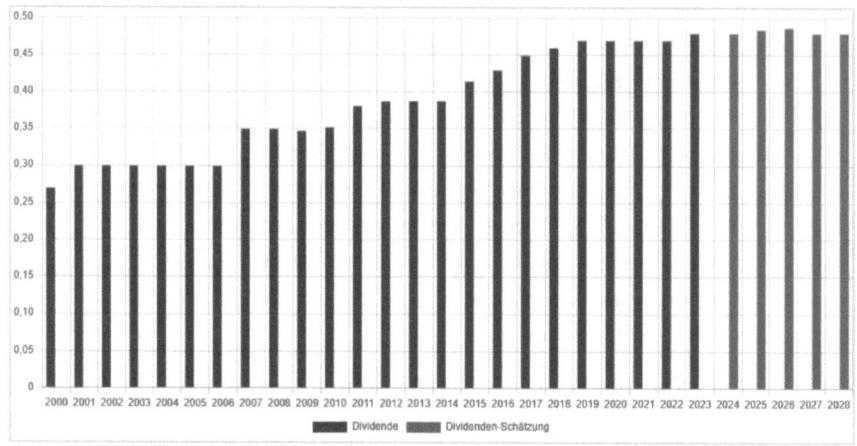

Abb. 36: Dividendenentwicklung Hamborner REIT AG; Quelle: finanzen.net, 03.07.24

Der Kurs der Aktie ist allerdings in den letzten 20 Jahren alles andere als stabil gewesen. 2004 lag der Kurs etwa auf dem gleichen Niveau wie im Mai 2024.

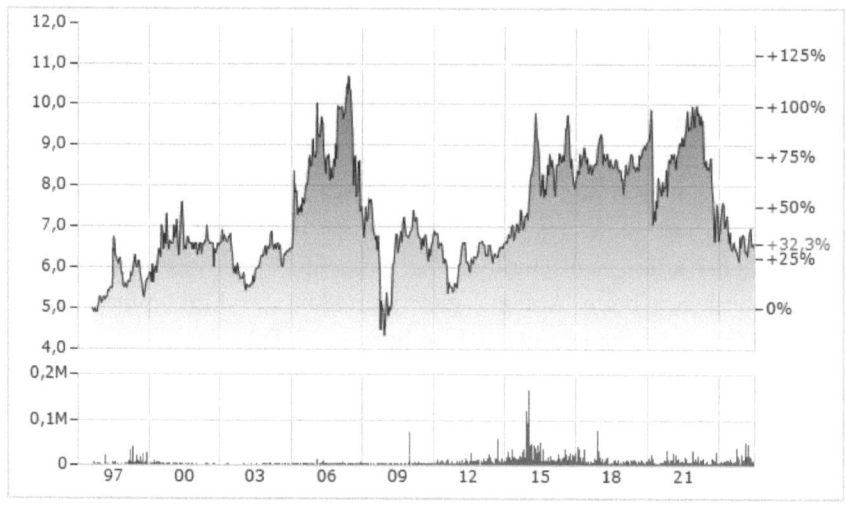

Abb. 37: Kursentwicklung der Hamborner REIT AG; Quelle: finanzen.net, 03.07.24

Dazwischen ist der Kurs auf über 10 Euro gestiegen, um dann im Umfeld der Finanzkrise 2008 auf unter 5 Euro abzustürzen. Einen ähnlichen Rückgang hat es in den letzten zwei Jahren gegeben. Diesmal ist er durch den starken Zinsanstieg hervorgerufen worden.

Trotz der Krisen und Kursschwankungen ist das Geschäft der Hamborner REIT AG offensichtlich stabil weitergelaufen, zumindest die Dividendenzahlungen sind stabil geblieben und langfristig weiter angehoben worden.

Beispiel Immobilien-Aktie

Schauen wir uns noch die Vonovia SE an. Das ist kein REIT, sondern eine klassische Immobilien AG. Vonovia hat keine Gewerbeimmobilien, sondern ist auf private Wohnungen spezialisiert. Das umfasst die Verwaltung und Modernisierung des Bestandes wie auch den Neubau von Wohnungen. Die Objekte befinden sich nicht nur in Deutschland, sondern auch in Österreich und Schweden.

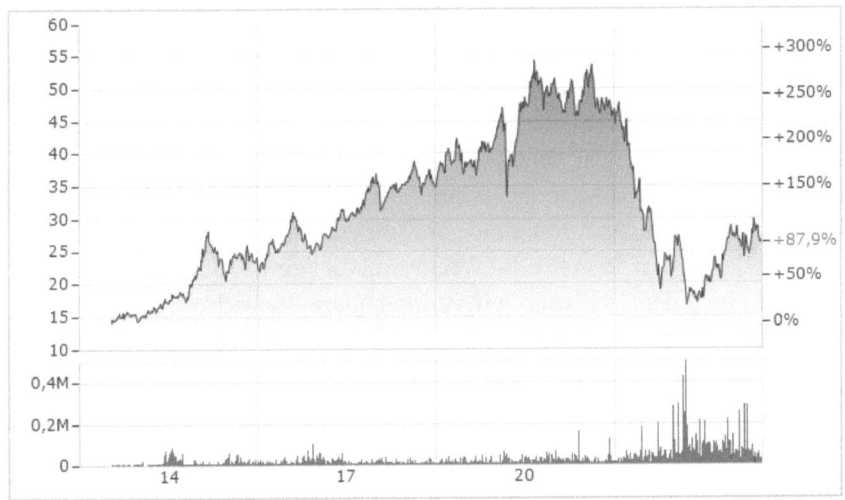

Abb. 38: Kursentwicklung der Vonovia SE; Quelle: finanzen.net, 03.07.24

Die Kurshistorie reicht im obigen Bild nur zehn Jahre zurück, aber das reicht schon für eine rasante Achterbahnfahrt. Der Kurs ist zwischen 2014

87

und 2021 von 15 Euro auf über 50 Euro angestiegen (mehr als 200 % Gewinn). Mit der Zinswende ging es dann rasant bergab auf unter 20 Euro (mehr als 60 % Verlust).

Auch die Dividendenzahlungen zeigen diese Schwankung auf. Bis 2021 haben sich die Ausschüttungen mehr als verdoppelt, 2022 wurden sie halbiert.

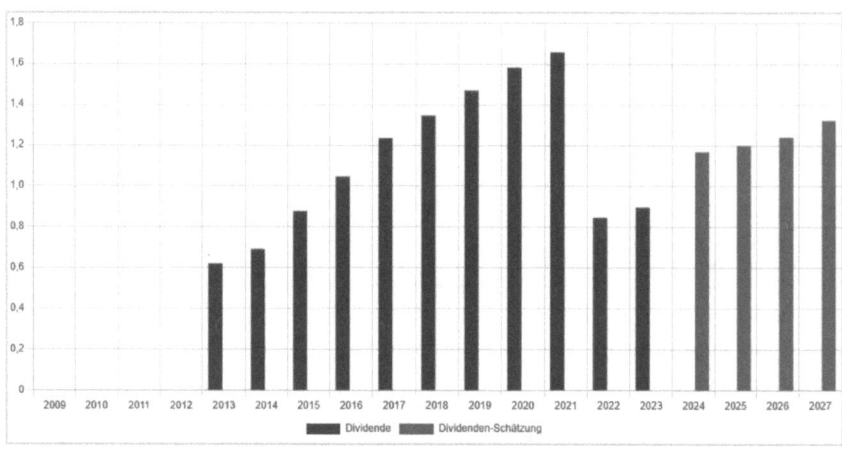

Abb. 39: Dividendenentwicklung der Vonovia SE; Quelle: finanzen.net, 03.07.24

Mit diesen beiden Beispielen soll nicht belegt werden, dass REITs grundsätzlich sicher und gut sind und Immobilien-Aktien dagegen unsicher und schlecht wären. Aber wir sehen, dass es auch bei Immobilien offensichtlich nicht immer nur schnurgerade bergauf geht. Wenn uns täglich jemand einen Kaufpreis für die Wohnung, die wir oben fiktiv gekauft haben, nennen würde, würden wir vergleichbare Preisschwankungen auch bei unserer Wohnung feststellen.

Beispiel Immobilienfonds

Immobilienfonds sammeln Geld von Anlegern ein und finanzieren damit eine oder meist mehrere Immobilien. Zu unterscheiden sind offene und geschlossene Fonds. Die geschlossenen Fonds geben so viele Anteile an Anleger aus, bis die geplante Investitionssumme für ein bestimmtes Immobilienvorhaben erreicht ist. Dann wird der Fonds geschlossen und es können keine weiteren Anteile gekauft werden. Eine Rückgabe der Anteile ist oft erst nach mehreren Jahren möglich.

Bei den offenen Immobilienfonds ist die Anzahl der Immobilien nicht begrenzt und es können daher jederzeit neue Anteile ausgegeben werden. Aber auch bei offenen Immobilienfonds ist es nicht möglich, Anteile von heute auf morgen zurückzugeben. Die Rückgabe der Anteile unterliegt gesetzlichen Bestimmungen, die eine Mindesthaltedauer von 24 Monaten und eine Kündigungsfrist für die Rückgabe von 12 Monaten vorschreibt.

Auf der Seite von finanzen.net gibt es einen ausführlichen Artikel über Immobilienfonds.[16] Darin ist auch eine Liste mit den besten Immobilienfonds aufgeführt und dort steht der hausInvest Fonds an oberster Stelle. Diesen schauen wir uns jetzt beispielhaft etwas genauer an.

Der hausInvest Fonds hat eine eigene Webseite[17], auf der man alle relevanten Informationen zum Fonds findet. Als Erstes werfen wir einen Blick in das Basisinformationsblatt in dem auch die Regelung zur Rückgabe von Fondsanteilen beschrieben ist.

Ziel des Fonds ist ein kontinuierlicher Wertzuwachs, der durch Erträge aus Vermietungen, Zinseinnahmen und Verkäufen erzielt werden soll. Anschließend erfahren wir, dass sich das Produkt an Kleinanleger als Zielgruppe richtet.

Auf Seite 2 werden vier Performance-Szenarien aufgezeigt, die angeben, welche jährliche Durchschnittsrendite bei einer Haltedauer von 5 Jahren möglich ist. Das reicht vom Stressszenario mit einer negativen Rendite von -1,54 % über das pessimistische Szenario mit 1,08 % bis zu 1,40 % beim optimistischen Szenario. Das ist ernüchternd. Anscheinend werfen die Immobilien des Fonds nicht sehr viel ab oder die Kosten des Fonds sind sehr hoch.

Das klärt sich auf Seite 3. Dort wird dargestellt, wie sich die jährlichen Kosten des

Fonds in Höhe von 3,08 % pro Jahr und der Ausgabeaufschlag von 5 % auswirken, wenn man nach 5 Jahren wieder aussteigt. Im Schnitt hat man dann 4,2 % Kosten pro Jahr. Vor Kosten wird eine jährliche Rendite von 5,4 % angenommen. Das ist ein guter Wert, aber die Kosten fressen das meiste davon wieder auf, sodass bei uns kaum noch etwas ankommt.

Wir können das überprüfen, indem wir uns die Ausschüttungen des Fonds im Vergleich zum Preis der Fondsanteile anschauen. Das Geschäftsjahr des Fonds geht vom 01. April bis zum 31. März. Im Geschäftsjahr 2023/2024 wurden zwei Ausschüttungen in Höhe von 0,15 Euro und 0,71 Euro, also 0,86 Euro vorgenommen. 60 % der Ausschüttungen sind steuerfrei, das ist sicherlich ein Vorteil der Immobilienfonds. Der aktuelle Ausgabepreis eines Fondsanteils liegt bei etwa 45 Euro. Die Rendite vor Steuer beträgt also:

$$Rendite \; vor \; Steuern = \frac{Ausschuettung}{Ausgabepreis} = \frac{0,86 \; Euro}{45 \; Euro} = 0,019 = 1,9\%$$

Das sieht schon etwas erfreulicher aus, ist aber für den Vermögensaufbau nicht geeignet. Es irritiert, dass dieser Immobilienfonds in der Liste der Top Fonds an erster Stelle auftaucht. Aber dieses Beispiel zeigt sehr deutlich, dass Fonds hohe innere Kosten haben, die den Ertrag, der bei uns ankommt, dauerhaft reduzieren. Dafür haben sie den enormen Vorteil, dass sie in sehr viele Immobilien investieren und so die Risiken minimieren.

Zusammenfassung

Halten wir fest: Aktien, REITs und Fonds haben im Vergleich zur selbst vermieteten Immobilie einige Vorteile. Der wichtigste ist, dass man mit vergleichsweise sehr kleinen Beträgen anfangen kann. Beim direkten Erwerb einer Immobilie muss man eine fünf- bis sechsstellige Summe als Eigenkapital mitbringen. Bei Aktien und REITs kann man schon mit einigen 100 Euro beginnen. Sparpläne für Fonds sind meist ab 25 Euro möglich. Ein weiterer Vorteil ist der sehr viel geringere Zeitaufwand und dass ohne Kredit gearbeitet werden kann.

	Eigene Vermietung	REITs & Aktien	Fonds
Anlage Betrag	> 10.000 Euro	ab 500 Euro	ab 25 Euro
Auswahl	groß	mittel	groß
Risiko	hoch	mittel	mittel
Ertrag	steigende Erträge möglich	steigende Erträge möglich	steigende Erträge möglich
Steuervorteile	möglich	nein	ja
Zeitlicher Aufwand	groß bis sehr groß	klein	klein

Tabelle 6: Vergleich Anlagemöglichkeiten Immobilien; eigene Darstellung

Die vermietete Immobilie hat natürlich den Vorteil, dass man im Zweifel selbst darin wohnen kann. Beispielsweise könnte man sich schon in jungen Jahren eine kleine Wohnung in einer Seniorenanlage (betreutes Wohnen) kaufen, diese vermieten und hat dann, wenn man selbst ins hohe Alter kommt, schon eine passende Wohnung für sich. Alle aufgezeigten Möglichkeiten, in Immobilien zu investieren, bringen wahrscheinlich auf lange Sicht einen sinnvollen Ertrag. Einen klaren Vorteil einer der Varianten vermag ich nicht zu erkennen.

Die dritte Anlagemöglichkeit für unseren Ruhestand sind Aktien. Wir haben bis hierhin schon eine Menge darüber gehört. Aktien sind genau genommen aber nicht das, in das wir investieren. Wenn wir Aktien kaufen, erhalten wir einen kleinen Besitzanteil an einem Unternehmen. Wir investieren also genau genommen in Unternehmen. Zwei verschiedene Arten sind dabei möglich:

- Kauf einzelner Aktien
- Kauf von Aktien-ETFs/-Fonds

Unternehmen sind Teil des Produktivkapitals und auf lange Sicht bringt dieses eine ordentliche Rendite. Zu dieser Aussage gibt es viele verschiedene Studien und Berechnungsansätze, die allesamt auf etwas unterschiedliche Ergebnisse kommen. Aber im Großen und Ganzen können wir auf lange Sicht von Renditen von mehr als 6 % pro Jahr ausgehen. Auf der Seite der boerse.de Finanzportal GmbH heißt es beispielsweise:[18]

Mit langfristigem Anlagehorizont sind gute Gewinne möglich

Bei einer Anlage im Dax hätten Sie ...
- bei einem Kauf zum Jahresschlusskurs 1980 und einem Verkauf Ende 2023 einen Gewinn von durchschnittlich 8,6% im Jahr erzielt.

Der langfristige Chart des DAX, in diesem Fall bei finanzen.net entnommen, verdeutlicht die Entwicklung des Dax im Zeitraum 1981 bis 2023.

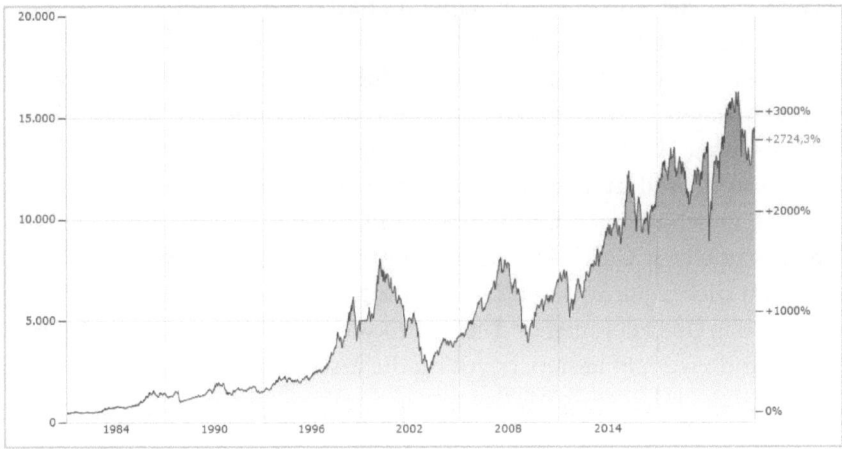

Abb. 40: Kursentwicklung des DAX 40 von 1981 bis 2023; Quelle: finanzen.net, 03.07.24

Dass es auf lange Sicht bergauf geht, kann man nicht übersehen. Gleichzeitig machen die enormen Schwankungen deutlich, dass man einen langen Anlagehorizont haben muss, weil es durchaus zu Kursrückgängen von 50 % und mehr kommen kann.

Wir können diese Schwankungen nutzen, um bei tiefen Kursen preiswert an die Aktien der Unternehmen zu gelangen, bei denen wir Miteigentümer sein wollen. Oder wir kaufen mehr Anteile von dem Aktien-Fonds oder ETF, für den wir uns entschieden haben.

Beispiel einzelne Aktie

Wie findet man nun einzelne interessante Unternehmen, in die es sich zu investieren lohnt? Wenn du dich selbst auf die Suche machen willst, fang bei deinem Alltag an. Welche Produkte kaufst du regelmäßig, von welcher Marke sind sie und zu welchem Unternehmen gehört die Marke? Damit wirst du vielleicht bei Unilever, Nestlé, Procter & Gamble oder Essity landen. Das sind alles global agierende Unternehmen, die viele der uns bekannten Marken in ihrem Produktportfolio haben.

Oder starte in deinem beruflichen Umfeld. Wenn du im IT-Umfeld tätig und mit IT-Sicherheit beschäftigt bist, hast du mit Sicherheit schon von secunet und checkpoint gehört. Oder du hast beruflich mit Fahrrädern zu tun und kannst gut abschätzen, ob die Produkte von Shimano beliebt sind und einen Vorteil gegenüber den Produkten anderer Hersteller haben. Alle genannten Unternehmen sind börsennotiert und du kannst Aktien davon kaufen. Aber natürlich sind nicht alle Unternehmen allein dadurch kaufenswert, weil du beruflich mit ihnen zu tun hast. Aber du verstehst wenigstens schon mal die Produkte und Dienstleistungen, mit denen die Unternehmen ihr Geschäft machen, und kannst das als Startpunkt nehmen, um dich tiefer mit den Unternehmen zu beschäftigen. Wichtig ist, dass du das Unternehmen und seine Produkte bzw. Dienstleistungen verstehst, und zwar am besten, bevor du die ersten Aktien kaufst.

Sich mit einem Unternehmen zu beschäftigen, lohnt sich übrigens auch, wenn man eine Bewerbung schreibt. Vielleicht begeistern dich die internationale Logistik und die Region Asien, deshalb willst du dich bei FedEx in Singapur bewerben. Dann ist es sicherlich vorteilhaft, wenn du dir einfach mal den letzten Geschäftsbericht von FedEx in Ruhe durchliest (besser die letzten drei). Für deine Bewerbung sind die ganzen Finanzzahlen vermutlich nicht so wichtig, aber du erfährst viel über die verschiedenen Geschäftsbereiche, wie das Unternehmen organisiert ist und welche Pläne das Unternehmen hat. Mit einem Blick in die Geschäftsberichte der Konkurrenz kannst du dein Bild komplettieren.

Eine andere Quelle, um interessante Unternehmen zu finden, ist YouTube. Dort gibt es einige Finanzkanäle, die mehr oder weniger regelmäßig sehr ausführlich einzelne Unternehmen besprechen. Ein paar Links findest du auf der Webseite zum Buch und danach schlägt dir der Algorithmus von YouTube automatisch weitere Finanzkanäle vor. Du wirst schnell feststellen, dass du in kurzer Zeit mehr tolle Ideen gesammelt hast, als Geld zum Investieren vorhanden ist. Dann pick dir aus dem großen Haufen erst mal nur einige wenige heraus und mach zu diesen gezielt noch eine eigene Recherche.

Neben dem persönlichen Umfeld und YouTube sind Börsenbriefe eine gute Quelle, um interessante Aktien zu finden. Aus Börsenbriefen lernt man, auf welche Weise die Profis an die Unternehmensanalyse rangehen.

In der Regel führen die Börsenbriefe ein oder mehrere Musterdepots, woraus man schon mal ein Gefühl dafür entwickeln kann, wie ein Aktiendepot aussehen kann. Allerdings kosten diese Börsenbriefe durchaus Geld, so ab 40 Euro pro Monat etwa, nach oben offen. Häufig wird daher ein kostenloses oder sehr preiswertes Schnupperangebot offeriert, sodass man sich zumindest mal ein oder zwei Ausgaben anschauen kann, ohne gleich ein Jahres-Abo abschließen zu müssen. Für den Einsteiger mit kleinem Budget reicht das Schnuppern, weil ohnehin nicht so viel Geld zum Investieren vorhanden ist.

Wenn wir das Unternehmen und dessen Produkte durch unsere Hinweisgeber und eigene Recherchen gut verstanden haben, reicht das leider noch nicht ganz aus, um schon mit sicherem Gefühl Aktien zu kaufen. Wir müssen uns mindestens noch einen Überblick über die finanzielle Lage und die Entwicklung des Unternehmens verschaffen und einen Eindruck davon gewinnen, wie sich Umsatz und Gewinn in den letzten Jahren entwickelt haben und ob das Unternehmen finanziell vernünftig aufgestellt ist. Dazu bieten sich die Informationen der diversen Finanzseiten im Internet an.

Beispielhaft schauen wir uns ausgewählte finanzielle Aspekte von adidas an. Ich habe adidas genommen, weil es in der alphabetisch sortierten Liste der DAX-Unternehmen an oberster Stelle steht. Die Produkte von adidas dürften dir bekannt sein. Unter www.finanzen.net/aktien/adidas-aktie finden wir im Reiter „Fundamental" ein nützliches Tool, mit dem wir uns Kennzahlen im Verlauf der letzten sieben Jahre anschauen können.

Zunächst habe ich Umsatz (helle Linie) und Umsatz je Aktie (dunkle Linie) ausgewählt. Wir erkennen, dass die gesamten Umsatzerlöse in den letzten sieben Jahren quasi nicht angestiegen sind. Der Umsatz je Aktie ist allerdings trotzdem gestiegen und liegt etwa 15 % höher als 2017. Wie kann das sein? Das liegt daran, dass adidas, wie viele andere Unternehmen auch, mehr oder weniger ständig eigene Aktien zurückkauft. Damit verringert sich die Anzahl der Aktien und der Umsatz verteilt sich als Folge rechnerisch ebenfalls auf weniger Aktien.

Abb. 41: adidas, Umsatz je Aktie & Umsatzerlöse; Quelle: finanzen.net, 03.07.24

Nach der Umsatzentwicklung ist natürlich der Gewinn eine relevante Größe, die uns interessiert. Der Umsatz je Aktie (helle Linie) ist diesmal auf der rechten Skala. Das Ergebnis je Aktie (dunkle Linie) ist in den letzten sieben Jahren unter Schwankungen rückläufig. 2023 ist sogar ein kleiner Verlust zu verzeichnen.

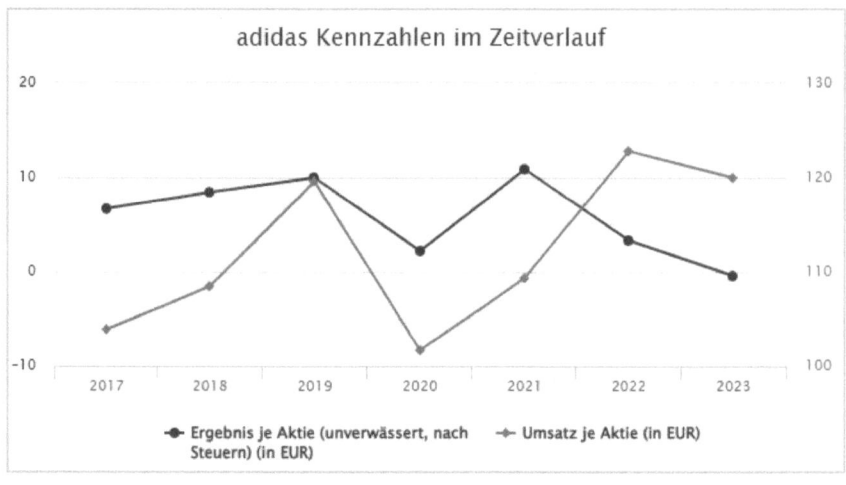

Abb. 42: adidas, Umsatz je Aktie & Ergebnis je Aktie; Quelle: finanzen.net, 03.07.24

Die Entwicklung von Umsatz und Gewinn ist nicht überzeugend. Das Geschäft scheint in den letzten Jahren nicht so gut zu laufen. Wenn der Umsatz weitgehend konstant bleibt, aber gleichzeitig der Gewinn pro Aktie rückläufig ist, bedeutet das, dass die Kosten aus dem Ruder laufen oder hohe Abschreibungen vorgenommen werden müssen.

Schauen wir noch eine Größe an, die einen klaren Blick auf die finanzielle Lage des Unternehmens liefert. Die Eigenkapitalquote von adidas ist seit Jahren rückläufig. In der Bilanz steht auf der rechten Seite, wo das Geld hergekommen ist. Unterteilt wird diese rechte Seite in Eigenkapital und Fremdkapital. Eigenkapital sind die Einlagen am Beginn des Unternehmens und die angesammelten Gewinne der zurückliegenden Jahre. Fremdkapital sind die Schulden, also langfristige Kredite bis hin zu kurzfristigen Verbindlichkeiten in Form noch nicht bezahlter Rechnungen.

Abb. 43: adidas, Eigenkapitalquote & Gesamtverbindlichkeiten; Quelle: finanzen.net

Und offensichtlich steigen die Verbindlichkeiten, also die Schulden, seit Jahren an (helle Linie), weshalb die Eigenkapitalquote immer geringer wird (dunkle Linie). Die Eigenkapitalquote liegt unter 30 %, das bedeutet, mehr als 70 % der Bilanzsumme sind 2023 Schulden. Das ist kein guter Wert und es ist fraglich, wie sich der Schuldenberg bei steigendem Zinsniveau auf die zukünftige Ertragsentwicklung auswirkt.

Ebenfalls im Bereich „Fundamental" finden wir auch Angaben zum Rating.[19] Adidas hat fünf Anleihen ausgegeben, die im Rating von Moody's ein A3 erhalten haben. A3 ist die kleinste Bewertung, die noch ein A vorne hat. Auch wenn wir uns eigentlich für die Aktie des Unternehmens interessieren, kann uns das Rating der Anleihen einen wertvollen Hinweis geben, wie die Profis adidas finanziell einschätzen. Insbesondere dann, wenn das letzte Rating eine Herabstufung war, deutet das auf eine sich verschlechternde Finanzlage hin. Aber da sind wir beim Betrachten der Charts schon selbst draufgekommen.

Die schnelle Analyse einiger Kennzahlen hat uns also zu dem Ergebnis gebracht, dass adidas aktuell wohl kein Unternehmen ist, in das wir einsteigen wollen. Übrigens haben wir diese Erkenntnis gewonnen, indem wir uns ausschließlich Kennzahlen des Unternehmens angeschaut haben. Den Kurs der Aktie haben wir bisher nicht betrachtet. Das werden wir auch nicht mehr tun, weil es schlicht überflüssig ist. Der Aktienkurs wird erst dann relevant, wenn wir aufgrund der fundamentalen Analyse für uns zu dem Ergebnis gekommen sind, dass das Unternehmen eine brauchbare Perspektive für unsere Kapitalanlage bietet. Erst dann interessiert der Kurs und wir können weitere Kennzahlen wie beispielsweise KBV oder KGV in die Betrachtung einbeziehen, um zu beurteilen, ob ein Kauf jetzt zu einem günstigen Preis möglich ist. Wenn das nicht der Fall ist, kommt die Aktie auf die Watchlist und wir warten auf einen günstigen Einstieg zu späterer Zeit.

Wir sehen, dass man schon mit wenigen Klicks viele Informationen für eine schnelle Beurteilung der Finanzkennzahlen zusammentragen kann. Und man sollte sich angewöhnen, die Analyse konsequent abzubrechen, wenn die wesentlichen Kennzahlen nicht positiv ausfallen. Die Analyse der Unternehmen kann viel Zeit in Anspruch nehmen, zumal, wenn man sich vertiefend informieren will. Da ist es wirklich nicht sinnvoll, Zeit an aussichtslose Kandidaten zu verschwenden. Und weil ich in diesem Buch keine umfassende Anleitung zur Unternehmensanalyse geben kann, verweise ich an dieser Stelle gerne auf das Buch „Endlich mit Aktien Geld verdienen" von Prof. Dr. Max Otte. Er beschreibt in seinem Buch sehr anschaulich und praxisnah ein Bewertungs- und Punkteschema, das er bei der Analyse anwendet.

Nachdem du dir intensiv Gedanken über ein Unternehmen gemacht hast und zu dem Schluss gekommen bist, Miteigentümer werden zu wollen, schreitest du zur Tat und kaufst die Aktien. Es empfiehlt sich, dass du dir vorher Gedanken machst, wie viel Geld du insgesamt in das Unternehmen investieren willst. Diesen Gesamtbetrag investierst du dann in zwei oder drei Schritten mit zeitlichem Abstand von einigen Monaten zwischen jedem Schritt. Warum das? Du wirst feststellen, dass der Kurs nicht unmittelbar nachdem du die Aktie gekauft hast, in die Höhe schnellt. Das ist eigentlich unverständlich, wo du doch so viel Zeit in die Analyse gesteckt hast und dir 100 % sicher bist, dass der Kurs mindestens um 20 % steigen muss. Das Problem ist, dass der Aktienkurs nichts von dir und deiner Analyse weiß. Auf lange Sicht wirst du mit deiner Einschätzung vielleicht richtigliegen, aber dein Kauf hat bestimmt keinen Einfluss auf die Kursentwicklung der nächsten Tage und Wochen. Ich habe es bisher noch nie erlebt, dass ich den Tiefpunkt des Kurses erwischt habe, als ich eine Aktie gekauft habe. Es bietet sich zu späterer Zeit also höchstwahrscheinlich noch mal eine Gelegenheit, 5 % oder sogar 10 % tiefer nachkaufen zu können und so vom Cost-Average-Effekt zu profitieren.

Wir müssen also geduldig sein, sowohl beim Aufbau einer Position als auch bei der weiteren Entwicklung. Es ist übrigens Unfug, jeden Tag mehrfach den aktuellen Kurs deiner Aktien abzufragen. Wichtiger ist, dass du dich in den Mailverteiler der Unternehmen, an denen du beteiligt bist, einträgst. Dann bekommst du relevante Meldungen deiner Unternehmen direkt in dein Postfach. Das kannst du natürlich auch bei Unternehmen machen, die auf deiner Watchlist stehen.

Puh! Ist das mit dem Sichten der Informationsquellen, der ganzen Analyse, den schrittweisen Käufen und dem Verfolgen der Unternehmensmeldungen nicht irrsinnig viel Aufwand? Der Gedanke ist berechtigt. Als Berufstätiger mit Familie wirst du kaum die Zeit haben, jedes Wochenende fünf oder zehn

Unternehmen tiefgehend zu analysieren. Aber das ist auch überhaupt nicht notwendig. Ich habe beispielsweise zwei Börsenbriefe abonniert und schaue mir regelmäßig einige YouTube-Kanäle an. Aus diesen Quellen prasseln wahrscheinlich mehr als 200 gute Ideen pro Jahr auf mich ein. Aufgreifen tue ich davon aber höchstens fünf oder sechs pro Jahr und die schaue ich mir bei einer passenden Gelegenheit in Ruhe genauer an. Und zwei bis drei Kandidaten schaffen es vielleicht bis auf die Kaufliste, also eine recht überschaubare Anzahl pro Jahr.

Vielleicht fängst du einfach mal mit ein oder zwei YouTube-Kanälen an. Die kannst du in der Bahn, beim Bügeln oder vergleichbaren Gelegenheiten nebenbei anhören. Und wenn da ein Hinweis dabei ist, der dich interessiert, setzt du dich am Wochenende eine halbe Stunde an den Rechner und recherchierst. Und wo du ohnehin gerade am Rechner sitzt, kannst du auch direkt ein kostenloses Schnupper-Abo für einen Börsenbrief buchen.

Beispiel Aktien-ETF

Wenn es trotz deiner ernsthaften Bemühungen mit dir und der Aktienanalyse so gar nicht klappen will (oder weil dir schlicht die Zeit dafür fehlt), bieten sich Aktien-Fonds bzw. Aktien-ETFs als einfache Investitionsmöglichkeit für dich an. Die pauschale Lösung für alle, die nicht so viel Zeit für die Auswahl eines Fonds/ETFs haben, ist ein ETF auf den MSCI World. MSCI ist der Name der Firma, die den Index herausgegeben hat. Im Index sind rund 1.650 Aktien aus 25 Ländern enthalten.

Auf der Seite von finanzen.net gibt es einen langen Artikel über MCSI-World-ETFs.[20] Darin ist auch eine Liste mit den besten ETFs abgebildet und da steht der Xtrackers MSCI World UCITS ETF 1D an oberster Stelle. Diesen ETF schauen wir uns jetzt beispielhaft etwas genauer an.

Der ETF gehört zur Fondsgesellschaft DWS, auf deren Internetseiten finden wir Informationen dazu.[21] Als Erstes werfen wir einen Blick in das Basisinformationsblatt (unter dem Kürzel KID zu finden).

Das Anlageziel des ETFs besteht darin, die Wertentwicklung des MSCI Total Return Net World Index vor Gebühren und Aufwendungen abzubilden. Der genannte Index soll die Wertentwicklung der Aktien bestimmter Unternehmen aus verschiedenen Industrieländern widerspiegeln. Der ETF definiert Kleinanleger als Zielgruppe, die bereit sind, das als mittel eingestufte Risiko einschließlich Verlusten und Totalverlust einzugehen. Der ETF eigne sich daher zur allgemeinen Kapitalbildung.

Auf Seite 2 werden vier Performance-Szenarien aufgezeigt, die angeben, welche jährliche Durchschnittsrendite bei einer Haltedauer von fünf Jahren möglich ist. Das reicht vom Stressszenario mit einer negativen Rendite von -34,1 % über das pessimistische Szenario mit 0,3 % bis zu 15,5 % beim optimistischen Szenario. Das ist eine enorme Bandbreite, man muss sich also auf Kursschwankungen einstellen. Wenn ein langer Anlagezeitraum vor uns liegt, sind Kursschwankungen jedoch vorteilhaft, weil wir bei Kursrückgängen preiswert nachkaufen können.

Direkt auf der Internetseite zum Fonds ist angegeben, auf welche Länder sich das Portfolio des ETFs verteilt. Der mit weitem Abstand größte Teil des Fondsvermögens ist in den USA investiert (> 70 %). Es folgen Japan mit knapp 6 % und Großbritannien mit etwas mehr als 3 %. Die restlichen 20 % des ETFs verteilen sich auf die anderen 22 Länder. Man erkennt, dass die USA immer noch die führende Wirtschaftsmacht sind, wenn es um die Anlage von Kapital geht. Aber es ist natürlich nicht sicher, dass das in den nächsten Jahrzehnten so bleibt.

Von dem ETF gibt es zwei Varianten, der eine ETF schüttet die von den Unternehmen erhaltenen Dividenden aus und der andere investiert diese wieder in weitere Aktien (thesaurierend). Die Ausschüttung erfolgt bis zu vier Mal im Jahr. Im Jahr 2023 wurden insgesamt 1,32 USD pro Anteil ausgeschüttet, 2022 waren es 1,22 USD und 2021 sogar 1,90 USD. Der Kurs des ETFs liegt Anfang Juli bei seinem höchsten Stand von knapp 95,– USD.

Daraus lässt sich die Ausschüttungsrendite ermitteln:

$$Ausschuettungsrendite = \frac{Ausschuettung}{aktueller\ Kurs} = \frac{1,32\ USD}{95\ USD} = 0,014 = 1,4\ \%$$

Wir sehen, dass die Ausschüttung mit 1,4 % nicht sehr hoch und im Vergleich zu 2021 sogar geringer geworden ist. Damit erfüllt der MSCI World ETF nicht die Anforderung nach einer hohen und steigenden Ausschüttung, die wir im Ruhestand benötigen. Aber wenn du noch jung bist und mehr als 25 Jahre Zeit hast, um dein Kapital aufzubauen, ist die thesaurierende Variante des ETFs gut geeignet, um erst mal vom durchschnittlichen Wachstum der Weltwirtschaft zu profitieren.

Aktien-Fonds

Bei dem ETFs erfolgt die Auswahl und Gewichtung der Aktien durch die Nachbildung eines Index. Bei Aktien-Fonds entscheidet der Fondsmanager mit seinem Team, welche Aktien in den Fonds aufgenommen oder verkauft werden. Die Zusammensetzung des Fonds ändert sich also im Laufe der Zeit. Bis zu gewissen Grenzen können Fonds auch Cash statt Aktien halten, beispielsweise, um auf Rücksetzer der Aktienkurse zu warten. Aber ob das immer sinnvoll ist und gelingt, ist natürlich nicht sicher. Wir kommen später bei der Diskussion der Sparpläne noch mal auf Aktien-Fonds zurück.

Zusammenfassung

Auch wenn das bis hier nur ein kurzer Abriss zum Thema Aktien ist, können wir festhalten, dass der Aufbau von Kapital mit Aktien sehr gut möglich ist, besonders in der langfristigen Perspektive. Wie bei den Anleihen und Immobilien auch, kann man sich Zeit und Aufwand sparen, indem man in Aktien-Fonds oder Aktien-ETFs investiert.

Ungleich viel spannender ist jedoch, wenn man sich selbst mit einzelnen Unternehmen beschäftigt und seine Investitionsentscheidung aufgrund einer eigenen Analyse trifft. Wichtig ist dabei, dass man nicht nur in Unternehmen aus einem einzigen Land oder einer einzigen Branche investiert, sondern seine Beteiligungen diversifiziert. Das braucht man aber auch nicht zu übertreiben, zumal die großen internationalen Konzerne ohnehin eine eingebaute Diversifikation mitbringen.

	Einzelaktien	Aktien-ETF	Aktien-Fonds
Anlagebetrag	ab 500 Euro	ab 25 Euro	ab 25 Euro
Auswahl	groß	groß	groß
Risiko	hoch	geringer, da breite Streuung	geringer, da breite Streuung
Ertrag	steigende Erträge möglich	steigende Erträge möglich	steigende Erträge möglich
Zeitlicher Aufwand	mittel bis groß	klein	klein

Tabelle 7: Vergleich Anlagemöglichkeiten Aktien; eigene Darstellung

Mit Beginn der Lebensphase, in der wir von den Erträgen unseres Kapitals leben wollen, muss das Aktienkapital so angelegt sein, dass es weniger Kurssteigerungen, dafür aber mehr Ausschüttungen bringt. Wir besprechen diesen Aspekt weiter hinten bei den Strategien.

Strategien

Wir wissen jetzt, welche Anlagemöglichkeiten wir für die Zukunftsvorsorge nutzen können, und haben unsere Ausgaben so geplant, dass von den Einnahmen regelmäßig Geld für den Kapitalaufbau übrigbleibt. Jetzt führen wir Geld und Anlagemöglichkeiten zusammen und stellen uns die Frage, wie wir beim Anlegen unseres Kapitals konkret vorgehen.

Betrachten wir die Sache wieder von ihrem Ende. Wenn wir in den Ruhestand gehen, dann muss unser Kapital so angelegt sein, dass es uns verlässliche und langfristig steigende Erträge bringt, ohne dass wir uns groß darum kümmern müssen. Ich bespreche nachfolgend drei Strategien, die uns zu diesem Ziel führen können.

Rentenversicherung (RV)

Die einfachste Möglichkeit, für den Ruhestand vorzusorgen, ist eine Rentenversicherung. Man zahlt über einen langen Zeitraum monatlich einen Betrag ein und bekommt dann im Alter regelmäßig eine Ausschüttung. Aus meiner Sicht hat die Rentenversicherung aber zwei Haken: Die Ausschüttungen bleiben weitgehend konstant und das angesparte Kapital kann in der Regel nicht vererbt werden. Aber trotzdem ist die RV besser als gar nichts und vor allem übt das Vorhandensein der Versicherung in der Ansparphase einen gewissen Druck zur Disziplin aus, auch wirklich zu sparen.

Viele Versicherungsgesellschaften bieten Rentenversicherungen an, wobei die Tarife und Gestaltungsmöglichkeiten sehr vielfältig sind. Entsprechende Vergleichsportale können uns helfen, die wesentlichen Parameter einzugeben und die Ergebnisse zu vergleichen. Bei den Ergebnissen werden die garantierte und die mögliche Rente unterschieden. Letztlich muss man aber auch noch in das Kleingedruckte schauen, damit alle Fragen beantwortet werden.

Referenzpunkt

Es lohnt sich, nicht nur die Angebote der Versicherungsgesellschaften untereinander zu vergleichen, sondern auch einen neutralen Referenzpunkt zu haben. Damit meine ich, dass wir uns auch anschauen, was rein rechnerisch aus unseren Einzahlungen wird, wenn wir sie selbst zu festgelegten Zinssätzen anlegen würden und nicht an die Versicherungsgesellschaft geben.

Auf finanz.tools.de/sparrechner[22] findet man einen Sparrechner. Dort habe ich eingetragen, dass ich 40 Jahre lang jeden Monat 100 Euro einzahlen will. Zusätzlich habe ich angegeben, dass der Rechner die Kapitalertragsteuer und den Freibetrag berücksichtigen soll. Ich gehe zunächst von einem Zinssatz von 6 % aus, wir sehen später, warum.

Abb. 44: Endkapital nach 40 Jahren; Quelle: finanz-tools.de

Nach 40 Jahren hat sich ein Kapital in Höhe von fast 150.000 Euro angesammelt. Wenn diese weiterhin mit 6 % Verzinsung angelegt werden, bekommt man jedes Jahr gut 8.971 Euro Zinsen (vor Steuern). Das soll einer unserer Referenzwerte sein, mit dem wir die Versicherungslösungen vergleichen. Die Berechnung habe ich noch mit weiteren Zinssätzen durchgeführt, wobei alle anderen Angaben unverändert geblieben sind. Folgende Tabelle kommt heraus:

Zinssatz	Endkapital nach 40 Jahren	Jährliche Zinsen auf das Endkapital
2 %	72.702	1.454
3 %	87.394	2.622
4 %	104.394	4.176
5 %	124.774	6.239
6 %	149.521	8.971

Tabelle 8: Vergleich unterschiedlicher Zinssätze; eigene Darstellung

Vergleich

Nachdem wir nur diese rechnerischen Referenzwerte kennen, wenden wir uns den Rentenversicherungen zu. Auf check24.de kann man die Angebote der Versicherungsgesellschaften vergleichen.[23] Man muss als Erstes entscheiden, welches Modell man wählen will. Ich habe „Flexible Privatrente" ausgewählt. Möglich waren auch Rürup-Rente und Riester-Rente. Das Geburtsdatum habe ich so angegeben, dass ich zum Zeitpunkt des Vergleiches genau 25 Jahre alt war. Bis zum unterstellten Rentenbeginn mit 65 sind es dann noch 40 Jahre und die monatliche Einzahlung beträgt wieder 100 Euro.

Zusätzlich kann ausgewählt werden, wie die Versicherung die Beiträge anlegen soll. Zu Vergleichszwecken habe ich die Hybrid/Klassik-Variante ausgewählt und eine Beitragsgarantie von 90 % angegeben. Diese bedeutet, dass zu Beginn der Renten mindestens 90 % des eingezahlten Geldes zur Verfügung stehen. Die Vorgaben noch einmal in der Übersicht:

- Modell: Flexible Privatrente
- monatliche Einzahlung: 100 Euro
- Zeitraum: 40 Jahre (25 bis 65)
- Anlageart: Hybrid/Klassik
- Mindest-Beitragsgarantie: 90 %

Als Ergebnis werden verschiedene Versicherungen angezeigt, hier zunächst sortiert nach der Höhe der garantierten jährlichen Rente (rechte Spalte).

Versicherung	Mögliche Rente (jährlich)	Garantierte Rente (jährlich)
württembergische PrivatRente KlassikClever	3.681,96 Euro	1.314,84 Euro
HanseMerkur Vario Care	2.440,44 Euro	1.301,76 Euro
Allianz PrivatRente Perspektive	4.085,16 Euro	1.280,76 Euro

Tabelle 9: Vergleichsergebnis, höchste garantierte jährliche Rente; Quelle: check24.de, Vergleich durchgeführt am 04.03.24

Die höchste garantierte jährliche Auszahlung beträgt also 1.315 Euro. Vergleichen wir diesen Wert mit der Tabelle aus dem Sparrechner, so stellen wir fest, dass dieser Garantierente ein Zinssatz von weniger als 2 % zugrunde liegt, denn laut Sparrechner gibt es nach 40 Jahren bei 2 % Verzinsung 1.454 Euro jährliche Auszahlung. Der garantierte Wert ist also schlicht miserabel. Eine Verzinsung von 2 % gleicht noch nicht einmal die Inflation aus.

Wenn man die Ergebnistabelle nach der höchsten möglichen Rente sortiert (mittlere Spalte), sind andere Versicherungen auf den oberen Plätzen.

Versicherung	Mögliche Rente (jährlich)	Garantierte Rente (jährlich)
Gothaer GarantieRente Index	10.446,00 Euro	1.104,96 Euro
baloise Best Invest	6.984,00 Euro	1.035,96 Euro
Allianz PrivatRente KomfortDynamik	6.695,88 Euro	1.243,08 Euro

Tabelle 10: Vergleichsergebnis, höchste mögliche jährliche Rente; Quelle: check24.de, Vergleich durchgeführt am 04.03.24

Zwar ist auch jetzt die Allianz auf dem dritten Platz, allerdings handelt es sich hier um ein anderes Modell, genannt KomfortDynamik. Neben den Zahlen der möglichen Rente steht ein kleines i und wenn man mit der

Maus darüberfährt, wird eine Erklärung eingeblendet: „Mit einer unterstellten Wertentwicklung von 6 % erhalten Sie eine Rente von ..." Das können wir wieder mit den Referenzwerten aus dem Sparrechner vergleichen. Dort kommt bei 6 % Zinsen eine jährliche Ausschüttung von 8.971 Euro heraus.

Die Vergleiche geben uns einen ersten Eindruck davon, was mit einer privaten Rentenversicherung möglich ist. Es gibt unterschiedliche Modelle und eine Menge Parameter, die sich auf das Ergebnis auswirken. Auffällig ist, dass bei den Versicherungen, die im Ranking der garantierten Renten ganz oben stehen, keine Investition in ETFs oder Fonds möglich ist. Weiterhin fällt auf, dass bei den beiden Allianzversicherungen die garantierte Rente sehr ähnlich ist (1.280 Euro und 1.243 Euro), die mögliche Rente aber in beiden Varianten sehr weit auseinander liegt (4.085 Euro und 6.696 Euro).

Der Vergleich zwischen Versicherungen und Sparrechner lässt die Ergebnisse der Versicherungsgesellschaften auf den ersten Blick etwas schlechter aussehen. Das ist aber nicht immer gerechtfertigt, vor allem, wenn man den steuerlichen Aspekt in die Betrachtung einbezieht. Die Beiträge zu den Versicherungen können meistens bei der Einkommenssteuererklärung steuermindernd berücksichtigt werden. Auch diesen Aspekt muss man für seine persönliche Kalkulation bedenken.

Bei einigen Versicherungen kann man selbst auswählen, wie das eingezahlte Kapital angelegt werden soll. Meist kann man aus konkreten Fonds, zumindest aber aus unterschiedlichen Anlagestrategien auswählen. In einigen Fällen sind auch ETFs als Anlageobjekt möglich. Die Aufteilung des eingezahlten Kapitals auf mehrere Fonds wird als Struktur bezeichnet. Diese Struktur kann man bei Bedarf anpassen, d. h. von einem Fonds in einen anderen umschichten oder zumindest die monatlichen Einzahlungen auf andere Anlagestrategien oder Fonds aufteilen. Alles in allem hat man während der Einzahlungsphase durchaus etwas Einfluss darauf, was mit dem Kapital geschehen soll.

Auszahlungsphase

Schauen wir uns jetzt noch an, wie die Auszahlungsphase bei den Rentenversicherungen geregelt ist. Die Höhe der jährlichen Rente richtet sich nach der Wertentwicklung, die bis zum Beginn der Auszahlungsphase erzielt wurde. Zu Beginn der Rentenphase wird also die Höhe der Rentenzahlung ermittelt. Dieser Wert ist dann garantiert und wird bis zum Lebensende regelmäßig ausgezahlt. Zusätzlich wird man an Überschüssen beteiligt, die von der Versicherung erwirtschaftet werden. Ob diese überhaupt erwirtschaftet werden und wie hoch diese ausfallen, ist natürlich nicht vorhersehbar.

Möglich ist auch, dass man sich das angesammelte Kapital zu Beginn der Rentenphase in Form einer Einmalzahlung ausbezahlen lässt, statt regelmäßige Zahlungen zu bekommen. Das kann in Einzelfällen sinnvoll sein, aber im Kern brauchen wir ja im Ruhestand regelmäßige Zahlungen bis ans Lebensende. Es ist sogar möglich, sich die Einmalzahlung nicht in Form von Geld auszahlen zu lassen, sondern die Fondsanteile, die man bis dahin erworben hat, auf ein eigenes Depot übertragen zu lassen. Spätestens an dieser Stelle sollte man sich aber fragen, wie sinnvoll es war, jahrelang einer Versicherung Geld zu überweisen, damit diese dafür Fondsanteile kauft, die man sich dann ins eigene Depot übertragen lässt. Da hätte man die Fonds auch gleich fürs eigene Depot kaufen können.

An dieser Stelle noch ein wichtiger Hinweis: Die Versicherung führt genau genommen kein eigenes Depot für jeden Versicherungsnehmer, das vom Kapital der Versicherung getrennt ist. Unser Anspruch gegenüber der Versicherung ist in deren Bilanz auf der Passivseite. Wenn auf der Aktivseite, auf der sich alle Vermögensgegenstände der Versicherung befinden, ein Problem auftritt oder ein unvorhersehbar großer Versicherungsfall eintritt, kann es sein, dass unser Anspruch nur teilweise oder im schlimmsten Fall gar nicht erfüllt werden kann. Das bedeutet, auch wenn wir Fondsanteile sehen, die unserer RV zugeordnet sind, sind diese kein Sondervermögen, das nur uns gehört. Diese Fondsanteile gehören zum Gesamtkapital der Versicherung. Im Vergleich dazu werden Fondsanteile, die wir in einem Depot bei einem Broker liegen haben, als Sondervermögen bezeichnet. Dieses Sondervermögen verwahrt der Broker für uns, er darf aber nicht darauf zugreifen.

Todesfall

Abschließend müssen wir noch die Frage klären, welche Leistungen die Versicherungen im Todesfall erbringen. Die Regelungen sind im Detail unterschiedlich und man kann für die Todesfallregelung spezielle zusätzliche Bausteine abschließen. Wenn der Todesfall vor Beginn der Rentenphase eintritt, bekommen die Erben in der Regel einen gewissen Betrag ausbezahlt. Dieser richtet sich nach der Höhe des bis dahin angesammelten Kapitals und den gegebenenfalls zusätzlich getroffenen Vereinbarungen. Wenn wir die Rentenphase erreicht haben und irgendwann mal dem Dasein Lebewohl sagen, werden die Zahlungen einfach eingestellt und der Versicherungsvertrag erlischt. Es kann sein, dass es noch mal eine kleine Einmalzahlung gibt, aber mehr kommt nicht.

Soweit die grobe Beschreibung der Versicherungslösung. Es empfiehlt sich wirklich, das Kleingedruckte vor Abschluss der Versicherung zu lesen und sich über die Details ausgiebig zu informieren und beraten zu lassen.

Zusammenfassung

Der Abschluss einer Rentenversicherung ist sicherlich eine einfache Sache. Wir haben gesehen, dass wir in der Ansparphase Einfluss darauf nehmen können, wie unser Beitrag angelegt wird. Wir müssen das aber nicht machen und können stattdessen die Versicherung für uns handeln lassen. Auch die monatlichen Zahlungen können wir unseren Lebensumständen anpassen. Erhöhen, Aussetzen und Einmalzahlungen, das alles ist in der Regel mit etwas Aufwand möglich.

Im Ruhestand bringt uns die Rentenversicherung genau das, was wir brauchen, nämlich regelmäßige Zahlungen, die durch die mögliche Überschussbeteiligung auch ansteigen können. Wie hoch diese Zahlungen ausfallen, lässt sich nicht vorhersehen. Die Ergebnisse aus dem Vergleichsportal zeigen aber, dass man nur mit einer Rendite zwischen 2 % und 6 % kalkulieren kann. Zwischen beiden Werten ist im Ergebnis allerdings ein riesiger Unterschied. Ein Nachteil der RV ist, dass die Erben nach dem Tod das angesparte Kapital in der Regel nicht ausbezahlt bekommen.

Insgesamt ist die RV die Vorsorgemöglichkeit, die am wenigsten Arbeit macht und vielleicht trotzdem einen halbwegs akzeptablen Ertrag bringen kann. Auch aus steuerlicher Sicht kann die RV vorteilhaft sein. Aus Sicht der Erben wäre es aber sinnvoller, wenn du ein eigenes Wertpapierdepot eröffnest und dort regelmäßig in Fonds, ETFs oder Ähnliches investierst. Nichts anderes macht die Versicherung mit deinem Geld. Wie man das angehen kann, schauen wir uns auf den folgenden Seiten an.

Sparplan

Schauen wir uns jetzt an, wie man als junger Mensch über einen langen Zeitraum eine Altersversorgung mit Fonds-Sparplänen aufbauen kann. Mit Fonds sind nachfolgend ETFs und klassische Fonds gleichermaßen gemeint. Mein Beispiel besteht aus drei Elementen: dem Konto und zwei Fonds-Kategorien, die wir regelmäßig besparen.

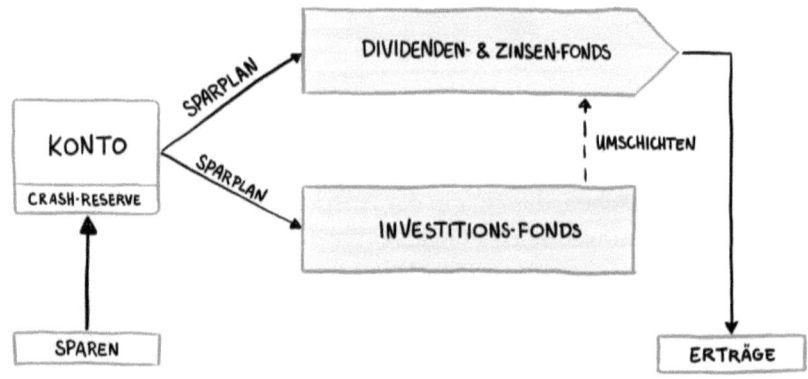

Abb. 45: Organisation der Sparplan-Strategie; eigene Darstellung

Unter Dividenden- & Zinsen-Fonds verstehe ich Fonds, die regelmäßig Erträge ausschütten, die außerdem langfristig steigen. Solche Fonds brauchen wir mit Beginn des Ruhestands und vorher muss ggf. aus den anderen, nicht ausschüttenden Fonds umgeschichtet werden. In der Ansparphase wäre es vorteilhaft, wenn der Kurs der Dividenden- & Zinsen-Fonds nicht besonders steigt, damit wir sie preiswert kaufen können. Wir haben ohnehin nicht vor, die Anteile dieser Fonds zu verkaufen, also kann der Kurs gerne niedrig bleiben. Auf die stetig steigenden Ausschüttungen kommt es hier an.

Bei den Investitions-Fonds ist es genau umgekehrt. Hier investieren wir Geld in der Erwartung, dass der Kurs des Fonds langfristig kräftig steigt und wir unsere Anteile zu gegebener Zeit mit ordentlichem Gewinn verkaufen können. Ausschüttungen erwarten wir hier also nicht, uns ist es lieber, wenn diese Fonds die Gewinne einbehalten (thesaurieren) und wir so vom inneren Zinseszinseffekt der Fonds profitieren können.

Aus diesen Überlegungen heraus kann für einen jungen Menschen, der mit dem Einstieg ins Berufsleben auch mit der Altersvorsorge mit Sparplänen beginnt, eine sinnvolle Aufteilung der monatlichen Sparrate folgendermaßen aussehen.

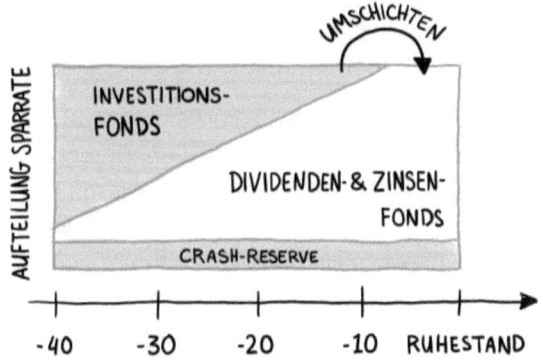

Abb. 46: Umschichten der Fonds rechtzeitig vor dem Ruhestand; eigene Darstellung

In den ersten Jahren geht ein Großteil der Sparrate in Investitions-Fonds, weil von den erwarteten Kurssteigerungen profitiert werden soll. Allerdings wird dieser Anteil im Laufe der Zeit kontinuierlich geringer und ca. zehn Jahre vor Beginn des Ruhestands fließen keine weiteren Sparbeiträge in diese Investitions-Fonds.

Die bis dahin angesammelten Anteile der Investitions-Fonds müssen ja noch in Dividenden- & Zinsen-Fonds umgeschichtet werden. Dafür hat man dann noch zehn Jahre Zeit und kann auf einen günstigen Zeitpunkt warten. Wenn beispielsweise zehn Jahre vor dem Ruhestand der Investitions-Fonds hoch im Plus ist, kann man schrittweise, quartalsweise oder monatlich über einen Zeitraum von vielleicht ein bis zwei Jahren die Anteile verkaufen und dafür Dividenden- & Zinsen-Fonds kaufen.

Wenn genau das Gegenteil der Fall ist, macht man gar nichts und wartet ein paar Jahre ab, bis die Kurse wieder gestiegen sind. Man hat ja noch zehn Jahre Zeit.

Einen kleinen Teil der Sparrate würde ich schon von Anfang an auch in Dividenden- & Zinsen-Fonds sparen, aus zwei Gründen. Zum einen sammelt man zwangsläufig Erfahrung mit dieser Art von Fonds und muss sich nicht erst kurz vor dem Ruhestand damit beschäftigen. Ein zweiter angenehmer Grund ist, dass man beim Sparen Unterstützung durch die regelmäßigen Ausschüttungen erhält. Das ist finanzmathematisch vielleicht nicht die optimale Strategie, aber für die Motivation ist es enorm hilfreich, wenn man mehrfach im Jahr sieht, dass Geld aus den Fonds auf das Konto zurückfließt. Auch wenn es anfänglich nur kleine Beträge sind, man sieht, dass die Sache so funktioniert wie geplant.

Wie weiter vorne am Chart des DAX zu erkennen war, wird es Zeiten geben, in denen die Kurse der Aktien stark fallen. In dieser Zeit profitieren deine Sparpläne vom Cost-Average-Effekt. Um diesen Effekt noch zu verstärken, ist die Crash-Reserve da. Sie wird aufgebaut, indem wir nicht die komplette monatliche Sparrate in Fonds investieren, sondern jeden Monat einen kleinen Teil auf dem Depotkonto belassen. Wenn jetzt die Kurse stark fallen, erhöhen wir für eine Weile die Sparpläne, ohne dass wir dafür die monatliche Sparrate ändern müssen, die von unserem Girokonto abgebucht wird. Man kann sich beispielsweise vornehmen, dass bei einem Rückgang der bekannten Aktien-Indizes von mehr als 15 % alle Sparpläne auf Aktienfonds um 5 oder 10 Euro pro Monat erhöht werden. Diese Erhöhung behält man so lange bei, bis die Indizes wieder auf dem alten Stand sind oder bis die Crash-Reserve aufgebraucht ist. Bei Rentenfonds könnte man die Schwelle bei 5 % oder 8 % Rückgang ansetzen.

Das nebenstehende Beispiel veranschaulicht die mögliche Aufteilung einer Sparrate in Höhe von monatlich 120 Euro, wie sie in jungen Jahren aussehen könnte.

Die drei oberen Fonds gehören zu den Investitions-Fonds, in diese fließen jeden Monat 80 Euro, die Hälfte davon in einen ETF auf den MSCI World.

Weil dieser ein Übergewicht in US-Aktien hat und du die wirtschaftliche Entwicklung in Asien als äußerst aussichtsreich beurteilst, werden zusätzlich jeden Monat 20 Euro in einen Asien-Fonds investiert. Auf den Spezialfonds bist du aufmerksam geworden, als du ein Interview mit dem Fondsmanager auf YouTube gesehen hast. Anschließend hast du dich weiter auf den Internetseiten der Fondsgesellschaft informiert und alle Informationen zusammen haben dich überzeugt, dass dieser Fonds solide gemanagt wird und einen aussichtsreichen Ansatz verfolgt. In diesen Fonds fließen ebenfalls jeden Monat 20 Euro.

Beispiel für Aufteilung der Sparrate

	Jan	Feb	Mar	Apr	Mai	Jun	Jul	Aug	Sep	Okt	Nov	Dez
ETF MSCI World	40	40	40	40	40	40	40	40	40	40	40	40
Fonds Asien	20	20	20	20	20	20	20	20	20	20	20	20
Spezialfonds	20	20	20	20	20	20	20	20	20	20	20	20
Dividenden ETF	20		20		20		20		20		20	
Anleihen Fonds		20		20		20		20		20		20
Crash-Reserve	20	20	20	20	20	20	20	20	20	20	20	20
Sparrate pro Monat	**120**	**120**	**120**	**120**	**120**	**120**	**120**	**120**	**120**	**120**	**120**	**120**

Tabelle 11: Mögliche Aufteilung einer Sparrate; eigene Darstellung

Auch in die Dividenden- & Zinsen-Fonds sollen schon 20 Euro pro Monat gespart werden. Der Dividenden-ETF und der Anleihen-Fonds haben dich gleichermaßen überzeugt. Allerdings liegt die Mindestsparrate bei 20 Euro, also jeden Monat jeweils 10 Euro in beide Fonds geht nicht. Du löst dieses kleine Problem, indem beide Fonds im Zwei-Monats-Rhythmus mit jeweils 20 Euro gespart werden. Zu guter Letzt verbleiben jeden Monat 20 Euro von deiner monatlichen Sparrate auf dem Konto als Crash-Reserve. Auch die Erträge, die von den beiden ausschüttenden Fonds auf dein Konto kommen, werden der Einfachheit halber der Crash-Reserve zugeordnet.

Für junge Leute ist die Sache mit den Sparplänen also eine einfache und vernünftige Sache. Der zeitliche Aufwand für die Auswahl der geeigneten Fonds ist überschaubar und man braucht eigentlich nur gelegentlich ins Depot zu schauen und Anpassungen vorzunehmen. Die Kosten bei klassischen Fonds sind höher als bei ETFs, liegen aber bei beiden unter den Kosten der Rentenversicherungslösung. Das heißt, mehr von deinem angesparten Geld arbeitet für dich. Da du jederzeit auf dein Depot mit den Fondsanteilen zugreifen kannst, benötigst du mehr Disziplin, um deinen Sparplan konsequent durchzuhalten und unter keinen Umständen Fondsanteile zu verkaufen, auch dann nicht, wenn deine aktuellen Lebensumstände nach Geld schreien. Wenn du den Gedanken mit der Crash-Reserve durchziehst, hast du automatisch die Disziplin, bei fallenden Kursen nicht in Panik zu verfallen und alles zu verkaufen. Du bist ja vorbereitet und kannst deine Sparraten in solchen Fällen sogar erhöhen.

Einen Vorteil bietet die Sparplanlösung bei der Flexibilität deiner Ausgabenplanung. Du musst nicht jeden Monat exakt den gleichen Betrag von deinem Girokonto sparen. Du kannst dir beispielsweise einmalig den Betrag von drei Monaten auf das Depot-Konto legen, quasi als Puffer.

	Jan	Feb	Mar	Apr	Mai	Jun	Jul	Aug	Sep	Okt	Nov	Dez	Summe
Einmalig	360												
Sparrate Girokonto				160	160	160	160	160	160	160	160	160	1.440
Sparpläne Fonds	100	100	100	100	100	100	100	100	100	100	100	100	1.200
Crash-Reserve	20	20	20	20	20	20	20	20	20	20	20	20	240
Depotkonto	**260**	**160**	**60**	**120**	**180**	**240**	**300**	**360**	**420**	**480**	**540**	**600**	

Tabelle 12: Flexible Anpassung der monatlichen Sparrate; eigene Darstellung

In deiner Finanzplanung kannst du dann in den ersten drei Monaten des Jahres die Sparrate weglassen. Den Gesamtbetrag, den du im kompletten

Jahr sparen willst, teils du gleichmäßig auf die verbleibenden neun Monate auf.

Insgesamt sparst du im obigen Beispiel 1.440 Euro im Jahr, das entspricht jeden Monat 120 Euro (120 x 12 = 1.440). Real zahlst du 9 x 160 Euro, das sind auch 1.440 Euro im Jahr, aber du hast in den ersten drei Monaten mehr Geld für die Ausgaben, die Anfang des Jahres fällig werden. Der einmalige Puffer in Höhe von 360 Euro auf dem Depotkonto stellt sicher, dass deine Sparpläne an 12 Monaten ausgeführt werden können. An denen brauchst du also nichts zu ändern. Am Ende des Jahres sind 600 Euro auf dem Konto. Das sind 240 Euro Crash-Reserve + 360 Euro anfängliche Einmalzahlung.

Sparpläne sind für die junge Generation eine feine Sache, aber wie sieht das bei denjenigen aus, die in wenigen Jahren in den Ruhestand gehen? Im Grunde spricht nichts dagegen, auch wenige Jahre vor dem Ruhestand noch Sparpläne einzurichten, dann schwerpunktmäßig für Dividenden- & Zinsen-Fonds. Auch größere Beträge, die vielleicht bisher auf dem Sparbuch angesammelt wurden oder aus einer Erbschaft oder Abfindung stammen, können per Sparplan in Fonds investiert werden. Man muss nur die monatliche Sparrate entsprechend hoch wählen. Es empfiehlt sich ohnehin, größere Beträge nicht auf einen Schlag, sondern über einen etwas längeren Zeitraum (ein bis zwei Jahre) gestreckt zu investieren. Bei der zeitlich gestreckten Anlage von größeren Beträgen kommt statt dem reinen Sparplan auch der direkte Kauf an der Börse infrage, dann spart man sich ggf. den Ausgabeaufschlag.

Beispiel: Dividenden-Fonds finden

Wie finden wir nun die passenden Fonds für uns? Das ist leider gar nicht so einfach, allein deshalb, weil es weit über 10.000 Fonds und ETFs gibt. Aber wir können den Kreis der Kandidaten gut eingrenzen, wenn wir wissen, was wir wollen. Für die Kategorie Dividenden- & Zinsen-Fonds gibt es Aktien-Fonds (genauer Dividenden-Fonds), die genau diesen Ansatz unterstützen. Das kann man in den Suchmasken meist schon als Vorgabe einstellen. Schwieriger wird es bei dem Aspekt der Ausschüttung, die muss man sich für jeden Fonds einzeln anschauen, und zwar mindestens die letzten zehn Jahre. Hier ist wichtig, dass auf lange Sicht eine Steigerung der Ausschüttungen erkennbar ist. Ein oder zwei Jahre mit konstanter oder verminderter Ausschüttung sind noch nicht so tragisch, aber wenn es in der Vergangenheit eher sprunghafte Ausschüttungen gab und keine Aufwärtstendenz erkennbar ist, kommt der Fonds nicht infrage. Auch dann nicht, wenn er gerade im Kurs so niedrig liegt, dass er eine attraktive Ausschüttungsrendite bietet.

Auf onvista.de gibt es einen Fonds-Finder[24], bei dem man die wesentlichen Kriterien auswählen und so die Anzahl der Treffer auf eine überschaubare Menge reduzieren kann. Ich habe ausgewählt:

• Fondsart: Aktienfonds
• Thema: Aktien Dividendenstrategie
• Ertragsverwendung: ausschüttend
• Sparplanfähig: bei Finanzen.net Zero und onvista

Als Ergebnis werden mir drei Fonds angezeigt. Die Länge der Ergebnisliste ist primär von den Angaben bei der Sparplanfähigkeit abhängig.

	Fidelity Funds - Global Dividend Fund - A EUR DIS	Flossbach von Storch Dividend - R EUR Dis.	DWS Top Dividende LD
Ausschüttung 2013	0,367 Euro	3,479 Euro	2,80 Euro
Ausschüttung 2023	0,560 Euro	4,00 Euro	4,60 Euro
Steigerung der Ausschüttung	53 %	15 %	64 %
Kurs 04.07.24	23,02 Euro	207,50 Euro	139,43 Euro
Ausschüttungsrendite Bezug 2023	2,43 %	1,93 %	3,3 %

Tabelle 13: Vergleich Dividenden-Fonds; Quelle: onvista (05.07.24), eigene Berechnungen

Als Erstes rufe ich jetzt die Detailseiten der Fonds auf und schaue mir dort die Ausschüttungen an. Steigende Ausschüttungen finde ich bei allen Fonds. Für den DWS TOP Dividende ist die Zeitreihe der Ausschüttungen am längsten. 2013 wurden 2,80 Euro ausgeschüttet und 2023 4,60 Euro. Eine Steigerung der Ausschüttungen um mehr als 60 % in zehn Jahren, genau das suchen wir. Aber ein noch weiterer Blick zurück verrät, dass es schon 2005 eine Ausschüttung in Höhe von 2,90 Euro gegeben hat. Das bedeutet, dass es in der Zeit von 2005 bis 2013 unterm Strich keine Steigerung der Ausschüttungen gab. Das ist im Kern durch die Finanz- und Wirtschaftskrise begründet, die dazu geführt hat, dass die Ausschüttungen in den Jahren 2008 bis 2010 auf 2,65 Euro gesenkt wurden. Seitdem steigen die jährlichen Auszahlungen wieder an.

Aber auch der Fidelity-Fonds sieht interessant aus. Er schüttet sogar quartalsweise einen kleinen Betrag aus. Die abgebildete Zeitreihe reicht aber nur bis 2012 zurück. Zwischen 2013 und 2023 wurden die Ausschüttungen auch angehoben, und zwar um gut 50 %. Hier würde ich aber auf jeden Fall noch auf die Seite der Fondsgesellschaft gehen und mir eine längere Ausschüttungshistorie anschauen. Insbesondere interessiert mich, wie es mit den Ausschüttungen in den großen Krisen (Finanzkrise, Pandemie) war, damit ich abschätzen kann, ob im nächsten Krisenfall die Ausschüttungen drastisch einbrechen, im schlimmsten Fall auf null gehen, oder sie vielleicht nur um 10 % bis 15 % reduziert werden. Natürlich kann man das im Voraus für die nächste Krise nicht genau wissen, aber man sieht aus der Vergangenheit, wie der Fonds in solchen Situationen reagiert hat, und kann eine ungefähre Vorstellung entwickeln, was passieren kann.

Neben der Steigerung der Ausschüttungen spielt auch eine Rolle, wie hoch der Kurs ist bzw. mit welcher Ausschüttungsrendite ich beginne, wenn ich zum aktuellen Kurs kaufe. Spätestens jetzt wird klar, dass der DWS-Fonds im Moment die besten Kennzahlen für uns aufweist. Der Fidelity-Fonds müsste seine Ausschüttungen um knapp 36 % steigern, um in Bezug auf den aktuellen Kurs ebenfalls eine Rendite von 3,3 % zu bringen (2,43 % x 1,36 = 3,3 %), die der DWS-Fonds zum aktuellen Kurs heute schon bringt.

Beispiel: Dividenden-ETF finden

Auf onvista.de gibt es natürlich auch einen ETF-Finder[25], mit dessen Hilfe man sich einen Dividenden-ETF suchen kann. Als Kriterien habe ich ausgewählt:

- Anlageklasse: Aktien
- Thema: Aktien Dividendenstrategie
- Ertragsverwendung: ausschüttend
- Sparplanfähig: bei onvista
- Replikation: vollständig

Als Ergebnis werden mir fünf ETFs angezeigt, davon schauen wir uns zwei genauer an.

Beide ETFs schütten quartalsweise aus und bei beiden ETFs sind Steigerungen der Ausschüttungen in den letzten zehn Jahren zu erkennen. Allerdings liegen diese Steigerungen nur halb so hoch wie bei den Fonds. Dafür sind die Kurse der ETFs so niedrig, dass sich bei einem Kauf zum aktuellen Kurs von Anfang an eine interessante Ausschüttungsrendite ergibt.

	iShares STOXX Europe Select Dividend 30 UCITS ETF EUR Dis. (DE)	iShares STOXX Global Select Dividend 100 UCITS ETF EUR Dis.
Ausschüttung 2013	0,885 Euro	1,231 Euro
Ausschüttung 2023	1,075 Euro	1,641 Euro
Steigerung der Ausschüttung	21,5 %	33,3 %
Kurs 05.07.24	17,738 Euro	29,415 Euro
Ausschüttungsrendite Bezug 2023	6,1 %	5,6 %

Tabelle 14: Vergleich Dividenden-ETF; Quelle: onvista (05.07.24), eigene Berechnungen

Vergleich Anfangsrendite vs. Steigerung der Ausschüttung

Die entscheidenden Kennzahlen für die Entwicklung der Erträge, die wir im Ruhestand von unseren Investments erwarten können, sind:

- Ausschüttungsrendite zu Beginn des Investments (Kaufkurs)
- Steigerung der Ausschüttungen im Laufe der Jahre.

Ideal wäre natürlich, wenn wir einen Fonds oder ETF finden, der bei beiden Kriterien top ist. Nehmen wir den DWS-Fonds als Repräsentant für die höchste Steigerung und den iShares STOXX Europe Select Dividend-ETF als Repräsentant für die höchste Startrendite. Damit machen wir eine theoretische Berechnung und vergleichen, wie sich die Ausschüttung beider Fonds in 40 Jahren entwickeln könnte.

	Start-rendite	Steigerung in 10 J.	10 Jahre	20 Jahre	30 Jahre	40 Jahre
Fonds	3,3 %	64 %	5,4 %	8,9 %	14,6 %	23,9 %
ETF	6,1 %	21,5 %	7,4 %	9,0 %	10,9 %	13,3 %

Tabelle 15: Theoretische Entwicklung der Ausschüttungsrendite in Abhängigkeit von Startrendite und Steigerung der Ausschüttung, eigene Berechnungen

Was sagt uns die Tabelle? Wenn ich heute Geld in den Fonds investiere, fange ich mit 3,3 % Ausschüttungsrendite an und diese steigert sich in 40 Jahren auf 23,9 %. Beim ETF fange ich mit 6,1 % aktueller Ausschüttungsrendite an und lande in 40 Jahren bei 13,3 %.

Das ist natürlich eine theoretische Berechnung, die sicher nicht exakt so eintreten wird. Aber wenn du zwischen zwei solchen Alternativen wählen musst, sollte die Zeit für dich ein wesentliches Entscheidungskriterium sein. Wenn du kurz vor dem Ruhestand stehst, brauchst du recht bald die hohen Ausschüttungen. In dem Fall wäre der ETF also die erste Wahl. Er kommt also infrage, wenn du vor dem Ruhestand von Investitions-Fonds in Dividenden-Fonds umschichten willst. Wenn du aber noch 30 Jahre oder mehr bis zum Ruhestand hast und direkt in Dividenden-Fonds gehen willst, wäre der Fonds zu bevorzugen. Übrigens zeigt sich hier, dass Fonds trotz ihrer höheren inneren Kosten auf lange Sicht besser sein können als die ETFs.

Anleihe-Fonds finden

Auch für die Anleihen finden wir Fonds bei onvista[26], hier müssen wir nach Rentenfonds (oder Anleihefonds) suchen. Bei den Rentenfonds gibt es Unterschiede in der Laufzeit der enthaltenen Anleihen. Kurzfristige Laufzeiten bringen in der Regel weniger Zinsen als längere Laufzeiten. Rentenfonds, die Staatsanleihen halten, erwirtschaften ebenfalls geringere Erträge als Rentenfonds, die in Unternehmensanleihen investieren.

Um den passenden Fonds zu finden, wähle ich aus:

- Rentenfonds
- Renten Europa
- Renten Euroland
- Renten Internationale Unternehmensanleihen
- Renten Unternehmensanleihen
- ausschüttend
- sparplanfähig bei consorts und onvista

Als Ergebnis bekomme ich 12 Fonds angezeigt und auch hier schaue ich mir zunächst die Ausschüttungshistorie von jedem Fonds an. Bei allen Fonds schwanken die Ausschüttungen stark, sind sogar über mehrere Jahre rückläufig. Überzeugen tut mich somit keiner dieser Fonds.

Die Suche nach dem passenden Anlageobjekt kann eine zeitraubende Angelegenheit sein, daher ist es sinnvoll, sich nicht zu lange mit den unpassenden Ergebnissen aufzuhalten. Die Zeit ist besser investiert, wenn man sich intensiv mit einem Fonds beschäftigt, der ein wirklich aussichtsreicher Kaufkandidat ist.

Wichtige Erkenntnis ist, dass die meisten Rentenfonds auf lange Sicht keine steigenden Ausschüttungen aufweisen. Der Fu Fonds monthly income, den wir bei den Anleihen als Anlagemöglichkeit besprochen haben, scheint mit seinem Konzept der stetig steigenden Ausschüttungen also eine echte Ausnahme unter den Anleihe-Fonds zu sein.

Investitions-Fonds bzw. ETF finden

Um passende Investitions-Fonds oder ETFs zu finden, geht man auf gleiche Weise vor. Hier spielt die Ausschüttung keine Rolle, wir brauchen thesaurierende Fonds. Bei den ETFs ist darauf zu achten, dass man vollständige Replikation auswählt. Am einfachsten kannst du mit einem ETF auf den MSCI World beginnen.

Es ist übrigens nicht notwendig, dass du bei deiner ersten Suche schon alle Fonds findest, die du in den nächsten 20 bis 30 Jahren besparen willst. Fang mit ein, zwei oder drei Fonds an. Dann sammelst du erst mal Erfahrung. Wenn sich später wieder eine Gelegenheit bietet, suchst du noch mal und findest vielleicht neue geeignete Kandidaten. Und wenn du einen interessanten Fonds findest, für den du bei deinem Broker keinen Sparplan einrichten kannst, mach einfach bei einem Broker, bei dem der Sparplan möglich ist, ein weiteres Depot auf. Ist das nicht zu viel Aufwand? Nein, finde ich nicht. Wenn ich im nahegelegenen Baumarkt nicht das Material finde, das ich haben will, fahre ich, ohne zu zögern, 15 Minuten zum nächsten Baumarkt und schaue mich dort um. Inklusive Rückweg sind das 30 Minuten zusätzlicher Zeitaufwand. In 30 Minuten kann man locker ein bis zwei Depots online eröffnen. Vermutlich bist auch du bereit, etwas mehr Zeit für einen zusätzlichen Weg zu opfern, wenn du auf diese Weise das bekommst, was du haben willst. Der Aufwand für die Eröffnung eines zweiten Depots ist also vergleichsweise wirklich gering.

Zusammenfassung

Die Strategie, mit Sparplänen eine solide Versorgung für den Ruhestand aufzubauen, führt dich auf jeden Fall zum Ziel. Im einfachsten Fall sparst du von Anfang an nur in Dividenden- & Anleihen-Fonds und beziehst auch die Ausschüttungen in die Sparpläne mit ein. Mit fünf bis sieben Fonds, die Aktien, Anleihen und Immobilien als Anlageklassen abbilden, bist du ausreichend breit diversifiziert. Mehr ist eigentlich nicht notwendig. Verfeinern kannst du deine Strategie, wenn du eine Crash-Reserve aufbaust und bei fallenden Kursen deine Sparpläne temporär erhöhst. Auch das ist sehr einfach umsetzbar. Da auf Ausschüttungen über 1.000 Euro Steuern gezahlt werden müssen, wird der Kapitalaufbau ab Erreichen der 1.000-Euro-Marke etwas ausgebremst. Es bietet sich daher in der Anfangszeit, wenn noch viel Zeit bis zum Ruhestand ist, an, in Wachstums-Fonds zu investieren und diese vor Erreichen des Ruhestands in Dividendenfonds umzuschichten. Alles in allem ist die Sparplanstrategie eine einfache Sache.

Ärgerlich sind die Ausgabeaufschläge und Verwaltungsgebühren der Fonds. Die Ausgabeaufschläge kann man durch entsprechende Aktionsangebote der Broker oder den Direktkauf an der Börse umgehen. Die internen Kosten der Fonds bleiben aber. Vorteilhaft ist der Automatismus, den man durch die Sparpläne einrichtet. Im Grunde braucht man sich das ganze Jahr nicht groß um die Sparpläne zu kümmern, nur eine Erhöhung der Sparrate erfordert gelegentlich etwas Aufwand. Im Vergleich zur Rentenversicherung bietet die Sparplanlösung große Flexibilität, was die jährliche Planung unserer Ein- und Ausgaben anbelangt. Wenn eine Rentenversicherung aufgrund der dort beschriebenen Nachteile oder aus anderen Gründen für dich nicht infrage kommt, solltest du mindestens eine Sparplanlösung für dich vorsehen. Sie ist einfach umzusetzen und bringt dir im Ruhestand exakt das, was du brauchst. Das Einzige, was du mitbringen musst, ist die Disziplin, deinen Plan konsequent durchzuziehen. Schaffst du das? Ja klar!

Eigenes Portfolio

Wenn die Sparplanlösung schon so gut ist, warum dann noch eine weitere Strategie? Diese Frage ist berechtigt.

Insbesondere die Dividenden-Fonds halte ich aus zwei Überlegungen heraus noch nicht für das optimale Vehikel für die Altersversorgung. Wenn man sich die Berichte der Fonds anschaut, kann man genau sehen, welche Aktien im Fonds enthalten sind. So findet man heraus, dass beispielsweise auch Aktien von Alphabet (Google) in Dividenden-Fonds enthalten sind. Alphabet ist fraglos ein tolles Unternehmen, hat aber bisher noch nie eine Dividende ausgeschüttet. Was hat diese Aktie dann in einem

Dividenden-Fonds zu suchen? Die Antwort dürfte sein, dass die Fonds-manager dem permanenten Druck des Benchmarkens ausgesetzt sind und diesem dadurch begegnen, dass sie auch Aktien mit großem Wachstumspotenzial in ihre Fonds aufnehmen und so etwas „Kursperformance" für die an sich langweiligen Dividenden-Fonds erzeugen wollen.

Wir brauchen aber im Ruhestand keine steigenden Kurse, sondern steigende Ausschüttungen. Daher halte ich den Aufbau eines eigenen Portfolios und das direkte Investieren in passende Dividenden-Aktien für sinnvoller. Ich nehme dabei in Kauf, dass ich als Kleinkapitalist nicht so viele unterschiedliche Aktien kaufen kann, wie es ein Fonds normalerweise tut, um breit zu diversifizieren.

Der zweite Grund, weshalb ich Dividenden-Fonds nicht optimal finde, ist, dass ich mit dem Erwerb eines Anteils indirekt alle enthaltenen Aktien zu dem Kurs kaufe, den sie in diesem Moment haben. Aber nicht alle Aktien sind für sich allein betrachtet an diesem Tag wirklich preiswert. Der Kurs einiger Aktien ist vielleicht gerade so hoch, dass ich sie mit einer Dividendenrendite von 1–2 % kaufe. Als Einzelkauf würde ich das vermutlich nicht tun. Sinnvoller ist doch, jede einzelne Dividenden-Aktie nur dann zu kaufen, wenn deren Kurs so niedrig ist, dass sich von Anfang an eine attraktive Dividendenrendite ergibt. Ich will also für mein Geld nicht den Durchschnitt kaufen, sondern nur ausgewählte Sonderangebote.

Diese Überlegungen führen zu der Lösung, ein eigenes Portfolio aufzubauen, in das man ausgewählte Wertpapiere kauft. Das können einzelne Dividenden-Aktien oder Aktien aus dem Immobilienbereich sein, aber natürlich auch alle anderen Arten an Wertpapieren. Mit dem eigenen Portfolio kann man die Aspekte

- Das kaufen, was ich brauche
- Zu einem günstigen Preis

am direktesten umsetzen.

Bei Anleihen setze ich allerdings auch überwiegend auf die Fondslösung. Zum einen ist die Auswahl an erwerbbaren Anleihen sehr eingeschränkt. Nur wenige Anleihen haben eine Mindestanlagesumme von 1.000 Euro, meist sind es 100.000 Euro. Ferner laufen Anleihen irgendwann aus und man muss eine neue Anleihe suchen. Beides zusammen spricht dafür, Anleihen durch einen geeigneten Rentenfonds abzubilden.

Somit ergibt sich nachfolgende Struktur in meinem Portfolio. Im Grunde kennen wir die schon, sie ist ganz ähnlich wie bei den Sparplänen, nur habe ich zwei Depots, für Investitionen und Dividenden & Zinsen jeweils ein eigenes und ein extra Crash-Konto.

Ähnlich wie bei den Sparplänen brauche ich mit Beginn des Ruhestands nur Dividenden-Aktien, Immobilien-Anlagen und Rentenfonds im Depot, weil ich deren Ausschüttungen für meinen Lebensunterhalt benötige. Trotzdem werde ich auch immer in kleinem Umfang mein Investitions-Depot fortführen. Wenn man sich regelmäßig mit den Finanzmärkten und Unternehmen beschäftigt, wird man auch immer wieder auf unterbewertete Unternehmen aufmerksam oder hört von kleinen Unternehmen, die eine große Zukunft haben können. Da will ich dann gerne mit einem kleinen Betrag mit dabei sein.

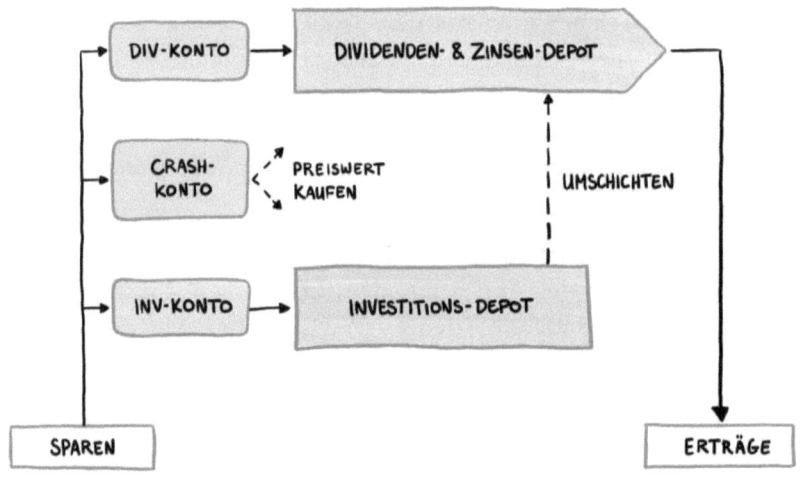

Abb. 47: Struktur eigenes Portfolio; eigene Darstellung

Und es gibt noch einen anderen, vielleicht etwas verrückt klingenden Grund. Einige der erfolgreichsten Investoren sind uralt (geworden). Das wohl bekannteste Beispiel sind Warren Buffett und sein Partner Charlie Munger. Beide haben ihr Leben lang eine Investmentgesellschaft geführt.

Selbst mit über 90 Jahren haben die beiden noch zusammen die jährliche Hauptversammlung mit ihren Aktionären durchgeführt. Charlie Munger hat sogar noch im Alter von 99 Jahren vorne auf der Bühne gesessen. Er ist mittlerweile verstorben, aber Warren Buffett macht mit Mitte 90 immer noch weiter. Ein anderes Beispiel ist André Kostolany, der ebenfalls schon verstorben ist. Aber ein paar alte Knochen – und diese Formulierung gebrauche ich als Ausdruck des allerhöchsten Respekts – leben noch, Hans A. Bernecker und Heiko Thieme gehören dazu. Ganz offensichtlich ist die permanente Neugier und das Beschäftigen mit der Finanz- und Wirtschaftswelt eine Tätigkeit, die einen alt werden lässt. Insofern gehört auch mein Investitions-Depot zur Altersvorsorge, es sorgt nämlich dafür, dass ich überhaupt alt werde – das hoffe ich zumindest …

Beispiel: Dividenden-Aktie

Schauen wir uns nun an, welche Dividenden-Aktien ich aussuche und wie sie ins Depot kommen. Wer im Internet nach Dividenden-Aktien sucht, wird schnell über den Begriff Dividenden-Aristokraten stolpern. Als solche bezeichnet man Unternehmen, die ihre Dividendenzahlung seit mindestens 25 Jahren immer angehoben haben. Die Seite aktienfinder.net[27] hat ein sehr umfangreiches Informationsangebot und einen YouTube-Kanal[28] rund um das Thema Dividenden-Aktien und Dividenden-Aristokraten.

Die meisten Dividenden-Aristokraten sind Unternehmen aus den USA, aber auch aus der Schweiz, Kanada und Großbritannien kommen einige von ihnen. Gerade die Unternehmen aus Großbritannien sind für uns interessant, weil hier keine Quellensteuer auf die Dividenden gezahlt werden muss. Das Geschäft der Dividenden-Aristokraten gehört meist zu den langweiligen Branchen wie Nahrungsmittel, Getränke, Tabakwaren, Telekommunikation, Gesundheitswesen, Energie- und Wasserversorgung. Also alles Dinge des täglichen Bedarfs und die Nachfrage nach diesen Gütern und Dienstleistungen wird kaum nachlassen, solange wir Menschen auf der Erde leben. Interessanterweise sind auch einige Banken in der Liste, diese haben also auch in der Finanzkrise (2007–2009) ihre Dividende nicht nur halten, sondern steigern können.

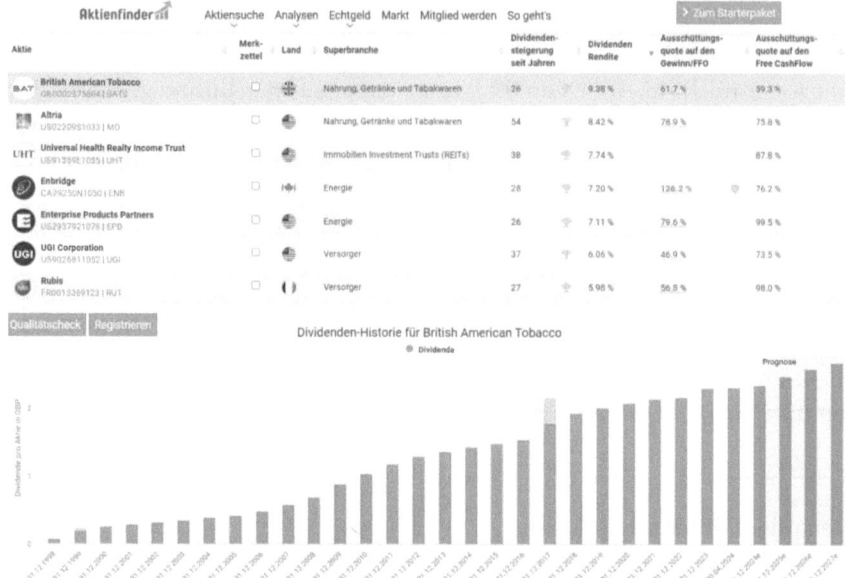

Abb. 48: Übersicht Dividenden-Aristokraten; Quelle: Aktienfinder.de

Die Liste in der Grafik ist nach der Höhe der Dividendenrendite sortiert. BAT (British American Tobacco) ist mit 9,38 % auf dem ersten Platz. Der Kurs der Aktie ist also derzeit ziemlich niedrig. In der unteren Hälfte der Grafik ist die Entwicklung der Dividendenhöhe zu sehen. In der Detailseite zu BAT kann man weitere Infos abfragen.

Nehmen wir uns mal ein paar Datenpunkte heraus.

BAT [GBP]	2003	2013	2023	2024 (04.07.)
Kurs (01.01.)	6,20	31,74	33,42	24,72
Dividende	0,36	1,38	2,31	

Tabelle 16: Ausgewählte Datenpunkte British American Tobacco; Quelle: Aktienfinder.de

2003 bekam man 0,36 GBP Dividende und 2023 gab es 2,31 GBP pro Aktie. Das heißt, innerhalb von zwanzig Jahren hat sich die Dividende mehr als versechsfacht.

$$Faktor\ Dividendensteigerung = \frac{2,31\ GBP}{0,36\ GBP} = 6,4$$

Stellen wir uns vor, wir hätten Anfang 2003 die Aktie zu einem Kurs von 6,20 GBP gekauft. Der Kurs entsprach damals einer Dividendenrendite von 5,8 %.

$$Dividendenrendite\ 2003 = \frac{Dividende}{Kaufkurs} = \frac{0,36\ GBP}{6,20\ GBP} = 0,058 = 5,8\ \%$$

Für die 6,20 GBP, die wir vor 20 Jahren für eine Aktie bezahlt haben, bekamen wir in 2023 eine Dividende in Höhe von 2,31 GBP ausbezahlt. Das entspricht in Bezug auf den damaligen Kaufpreis einer Dividendenrendite von 37,3 %.

$$Dividendenrendite\ 2023 = \frac{Dividende}{Kaufkurs} = \frac{2,31\ GBP}{6,20\ GBP} = 0,373 = 37,3\ \%$$

Diese Steigerung der Dividendenrendite von 5,8 % auf 37,3 % ist allein durch das Wachstum der Ausschüttungen begründet. Und genau solche Steigerungen brauchen wir, wenn wir im Ruhestand von den Erträgen unseres Kapitals unseren Lebensunterhalt bestreiten müssen.

Aber es geht noch weiter. Stellen wir uns kurz vor, man hätte in der Zeit auch Bruchstücke der BAT-Aktien kaufen können. Wenn wir die Ausschüttungen der vergangenen 20 Jahre verwendet hätten, um sie in weitere Aktien (Bruchstücke) von BAT zu investieren, hätten wir 2023 nicht nur eine, sondern schon zwei Aktien im Depot gehabt. (Insgesamt sind in den 20 Jahren Dividenden in Höhe von knapp 27,50 GBP pro Aktie ausgeschüttet worden. Über den Daumen gepeilt hätte das gereicht, um in den 20 Jahren genug Bruchstücke für eine ganze Aktie zu kaufen.) Mit anderen Worten hätte sich durch den Zinseszinseffekt, der ja die Wiederanlage von Erträgen unterstellt, die Anzahl unserer Aktien verdoppelt. Gleichzeitig, aber ganz unabhängig vom Zinseszinseffekt, hat BAT die Ausschüttungen versechsfacht. Für die eine Aktie, die 2003 6,20 GBP gekostet hat, hätten wir im Jahr 2023 also 2 x 2,31 = 4,62 GBP an Dividende bekommen. Das entspricht im Jahr 2023 einer Rendite von 74,5 % auf die 2003 investierten 6,20 GBP.

Wie würde diese Rechnung nach weiteren 20 Jahren aussehen? Halte dich fest! Grob kalkuliert bekämen wir nach weiteren 20 Jahren (also im Jahr 2043) jedes Jahr mehr als den achtfachen Kaufpreis in Form von Dividendenzahlungen ausgeschüttet. Wie bitte? Wie soll das denn gehen? Ganz einfach. Die Anzahl der Aktien verdoppelt sich wieder durch die Wiederanlage der Erträge, diesmal von zwei auf vier Stück. Gleichzeitig versechsfacht sich die Dividende von 2,30 auf 13,80. Und 4 x 13,80 macht 55,2. Das ist fast das Neunfache von dem, was wir 40 Jahre zuvor für eine einzige Aktie gezahlt haben (9 x 6,20 = 55,8). In der ganzen Zeit haben wir keinen einzigen Cent aus eigener Tasche dazugetan.

Das ist eine tolle, wenn auch vereinfachte Rechnung. Und es gibt keine Garantie, dass eine solche Entwicklung auch in den nächsten 40 Jahren möglich ist. Aber sie zeigt beispielhaft, was wir aus unserem Kapital rausholen können, wenn wir

- in Unternehmen investieren, die ihre Ausschüttungen kontinuierlich erhöhen können
- den Zinseszinseffekt nutzen und alle Erträge wieder reinvestieren
- früh, besser sehr früh, anfangen

Nur um zu zeigen, dass ich mit BAT nicht zufällig einen absolut positiven Ausreißer aus den Dividenden-Aristokraten ausgewählt habe, nachfolgend noch eine Tabelle über die Dividendensteigerungen in den letzten 20 Jahren. Ich habe einfach die Unternehmen genommen, die bei alphabetischer Sortierung der Tabelle an oberster Stelle angezeigt wurden.

Unternehmen	Dividende 2004 in USD o. GBP	Dividende 2023 in USD o. GBP	Dividendenanstieg um Faktor
1st Source	0,35	1,30	3,7
A.O. Smith	0,10	1,22	12,2
ABM Industries	0,40	0,88	2,2
Aflac	0,19	1,68	8,8
Air Products and Chemicals	1,04	6,87	6,6
Albemarle	0,29	1,60	5,5
Altria	0,87	3,84	4,4
BAT	0,40	2,31	5,8

Tabelle 17: Anstieg der Dividenden in 20 Jahren; Quelle: Aktienfinder, eigene Berechnung

Der Vollständigkeit halber vergleichen wir BAT auch noch mit den besten Dividenden-Fonds (beste Steigerung) und -ETFs (beste Rendite), die wir im Kapitel zuvor besprochen haben.

	BAT	iShares STOXX Europe Select Dividend 30	DWS Top Dividende LD
Ausschüttung 2013	1,38 GBP	0,885 Euro	2,80 Euro
Ausschüttung 2023	2,31 GBP	1,075 Euro	4,60 Euro
Steigerung der Ausschüttung	67 %	21,5 %	64 %
Kurs 04.07.24	24,72 GBP	17,738 Euro	139,43 Euro
Ausschüttungsrendite Bezug 2023	9,3 %	6,1 %	3,3 %

Tabelle 18: Vergleich BAT, ETF und Fonds, Quellen: aktienfinder.de, onvista.de, eigene Berechnung

BAT vereint also aktuell die beiden Vorteile der hohen Steigerung und der hohen Anfangsrendite. Natürlich können wir die Steigerungen der Vergangenheit nicht einfach in die Zukunft fortschreiben. Dass die Unternehmen plötzlich aufhören, Dividenden auszuschütten, ist aber eher unwahrscheinlich.

Kaufkandidaten

Dass die Dividende bei den Aristokraten mal gesenkt oder zumindest nicht angehoben wird, kann vorkommen. Diese Unternehmen finden sich dann nicht mehr in der Liste der Aristokraten. Sie können aber trotzdem auf lange Sicht tolle Unternehmen mit steigenden Ausschüttungen sein. Evtl. ist es aus Unternehmenssicht einfach vernünftiger, die Ausschüttungen in einem Jahr zurückzufahren, um notwendige Investitionen finanzieren zu können. Dagegen kann das unbedingte Erhöhen der Dividende dazu führen, dass diese aus der Substanz und nicht aus den Gewinnen bezahlt wird. Anhaltspunkte dafür, ob ein Unternehmen die Dividende wirklich erwirtschaftet hat, geben die Angaben der Ausschüttungsquote im Verhältnis zum Gewinn und im Verhältnis zum Free Cashflow. Beide Angaben sind in der Übersicht bei aktienfinder.net angegeben. Vereinfacht kann man sagen, dass kleine Prozentangaben gut und hohe Prozentangaben schlecht sind. Negative Werte werden extra in Rot dargestellt, von diesen Aktien lasse ich erst mal die Finger.

Um nun die ersten Kandidaten für dein Dividenden-Depot zu finden, kannst du dir vielleicht drei bis fünf Unternehmen raussuchen, die du kennst oder besser noch, deren Produkte du kennst und vielleicht selbst verwendest. Dazu nutzt du beim aktienfinder.de die beiden Tabellen der Aristokraten und die mit hoher Dividendenrendite. Im Browser legst du dir Lesezeichen auf die Detailseiten für deine fünf Kaufkandidaten an, sodass du sie schnell wieder aufrufen kannst. Zusätzlich gehst du auf die Webseite der Unternehmen und suchst nach „Investor Relations". Hier kannst du jetzt rumstöbern und dich über die Dividendenhistorie, Ausschüttungstermine usw. informieren. Auch die Geschäftsberichte der vergangenen Jahre findest du dort. Als Miteigentümer des Unternehmens ist die Investor-Relations-Seite die erste Informationsquelle für dich, du musst ja gelegentlich mal nachschauen, ob der Laden auch ordentlich läuft. Auch auf diese Investorenseiten machst du dir Lesezeichen.

Du kannst auf YouTube noch nach aktuellen Videos zu deinen Kandidaten suchen und dir anhören, wie andere diese Unternehmen einschätzen. Es gibt einige brauchbare Kanäle, die wirklich fundierte Informationen in ihren Videos teilen. Vielleicht fällt von deinen Kandidaten dann einer erst mal wieder aus dem Kreise der Kaufkandidaten raus. Auf jeden Fall solltest du dir auch die Finanzkennzahlen anschauen, so wie wir es weiter vorne beispielhaft bei adidas besprochen haben.

Eine andere Quelle, um Dividenden-Aktien zu finden, sind die Berichte der Fondsgesellschaften. Im Jahresbericht sind zu jedem Fonds die Aktien aufgeführt, die der Fonds im Bestand hat. Wenn du dir gezielt den Jahresbericht von Dividenden-Fonds anschaust, dann findest du dort auch gute Ideen.

Beispiele für Aufteilung der Sparrate

Jetzt heißt es sparen und wenn genug Geld für einen Kauf zusammen ist, wird die erste Order eingestellt.

Der Einfachheit halber gehen wir von der gleichen Sparrate wie bei der Sparplanlösung aus. Das erste Jahr könnte dann so aussehen.

	Jan	Feb	Mar	Apr	Mai	Jun	Jul	Aug	Sep	Okt	Nov	Dez	Summe
Sparrate Girokonto				160	160	160	160	160	160	160	160	160	1.440
Geld für Aktien				140	140	140	140	140	140	140	120	100	1.200
Crash-Reserve				20	20	20	20	20	20	20	40	60	240
Depotkonto				140	280	420	560	140	280	420	540	640	
Aktienkauf							-560					-640	

Tabelle 19: Flexible Sparrate und Zeitpunkte für Aktienkauf; eigene Darstellung

Wie bei den Sparplänen kommt in den ersten drei Monaten kein Geld vom Girokonto, weil erst die Rücklagen und Puffer für die Lebenshaltung aufgefüllt werden. Weil aber auch keine monatlichen Käufe stattfinden, wird auch kein Einmalpuffer benötigt. Ab April gehen 160 Euro pro Monat vom Girokonto ab, 20 Euro davon gehen auf das Crash-Konto und 140 Euro auf das Konto des Dividenden-Depots. Da bei jedem Aktienkauf Ordergebühren zu bezahlen sind, ist es nicht sinnvoll, jeden Monat eine Order für 140 Euro aufzugeben. Zusätzlich muss man beachten, dass das Ordervolumen geteilt durch den Kurs der Aktie in den seltensten Fällen eine glatte Anzahl ergibt. Im Beispiel werden zwei Käufe im Jahr durchgeführt, der erste im Juli und der zweite im Dezember. Wenn die Aktie deiner Wahl in beiden Monaten bei genau 30 Euro notiert, kaufst du im Juli 18 Stück und im Dezember 21. Mittlerweile gibt es bei einigen Brokern die Möglichkeit, kostenlose Sparpläne auf Aktien einzurichten. Das wird zumindest für die „üblichen" Aktien angeboten. Das wäre also eine mögliche Vorgehensweise, um monatlich in eine Aktie zu investieren. Allerdings macht man sich dann keine Gedanken über den Kaufpreis.

Vorgehen beim Kauf

Zwei Fragen müssen wir noch beantworten. Welchen von deinen Kandidaten kaufst du im Juli und welchen im Dezember? Ich gehe in der Regel so vor, dass ich von der Liste der Kaufkandidaten genau die Aktie kaufe, die in dem Moment die höchste aktuelle Dividendenrendite liefert. Es kann also sein, dass ich das ganze Jahr über alles Geld in nur eine einzige Aktie stecke. Dahinter steckt der Gedanke der Diversifikation über die Zeit. Wenn ich in den Ruhestand gehe, will ich ein Dividendendepot von rund 20–30 Aktien haben, die alle ungefähr den gleichen jährlichen Ertrag bringen.

Wenn du es ähnlich machen willst und noch 40 Jahre für das Sparen vor dir liegen, ist es also unproblematisch, erst mal mit einer Aktie im ersten Jahr anzufangen. Im zweiten Jahr wird diese Aktie mit einer „Kaufsperre" belegt, auch wenn sie immer noch die mit der besten Dividendenrendite ist. Im Jahr zwei kommt also die zweitplatzierte Aktie dran. Vielleicht ändert sich unterjährig die Reihenfolge der Aktien auf deiner Liste und der ursprüngliche Kandidat von Platz 3 ist im Dezember des zweiten Jahres der beste Kaufkandidat. Dann nimmst du den und hast dadurch am Ende des zweiten Jahres schon drei verschiedene Aktien im Depot.

Im Laufe der Jahrzehnte werden sich die Kandidaten auf deiner Liste ohnehin ändern. Die Aristokraten der Zukunft werden heute vielleicht noch gar nicht so genannt, weil sie noch zu jung sind und keine 25 Jahre mit Dividendensteigerungen aufweisen können. Auch deine Sparrate wird sich im Laufe der Jahre erhöhen. Dann kannst du mehrfach im Jahr kaufen oder direkt größere Orders aufgeben. Auch die Aktien aus den ersten Jahren können dann noch mal nachgekauft werden, wenn sie gerade preiswert ist.

Die Crash-Reserve soll so wie bei den Sparplänen dazu dienen, um bei stark gefallenen Kursen Aktien zu günstigen Preisen einkaufen zu können. Es hängt dann von der Höhe der Reserve ab, ob du sie für eine oder mehrere separate Käufe verwendest oder ob du damit einfach den nächsten planmäßigen Kauf vergrößerst oder diesen vorziehst. Wichtig ist in dem Augenblick, dass du deinen langfristigen Plan, ein Dividendendepot aufzubauen, nicht aufgibst, sondern durchziehst.

Auch wenn wir klein anfangen, irgendwann werden die Dividendenzahlungen unsere monatlichen Sparraten spürbar ergänzen. Der Einfachheit halber legst du bei jedem planmäßigen Kauf die bis dahin angesammelten Dividenden obendrauf. Vielleicht reicht es ja schon, um eine Aktie mehr zu kaufen, als mit den reinen Sparraten möglich ist. Dann hast du diese Dividenden der Macht des Zinseszinseffekts zugeführt. Die Dividenden müssen natürlich nicht genau in die Aktien investiert werden, aus denen sie stammen. Die Hauptsache ist, dass sie wieder in Dividenden-Aktien fließen.

Anlegen eines größeren Betrages

Wie könntest du vorgehen, wenn du einen größeren Geldbetrag in ein Dividenden-Depot umwandeln willst? Unterstellen wir wieder, dass das Depot am Ende etwa 20–30 Dividendenaktien enthalten soll. Dann könntest du den Geldbetrag in vier gleich große Portionen aufteilen. Von jeder Portion werden 5–10 Aktien gekauft. Das hängt davon ab, ob du preiswerte Kaufkandidaten findest, und natürlich sollte jede Order so groß sein, dass die Gebühren nicht so ins Gewicht fallen. 10 Euro Gebühren für eine 1.000-Euro-Order entspricht 1 %. Höher sollte der Kostenanteil bei der Einmalanlage nicht sein.

Die vier Portionen werden zeitlich gestreckt. Die erste Portion wird direkt investiert, vielleicht nicht alles an einem Tag, sondern über ein bis zwei Wochen verteilt. Die Orders der zweiten Portion zielen auf andere Aktien und können mit Limits versehen werden, die ordentlich (5–10 %) tiefer liegen als der aktuelle Kurs. Dann wartest du ein halbes Jahr. In der Zeit kannst du weitere Kandidaten suchen. Nach der Pause wird die zweite Portion vollständig investiert, ggf. sind schon einige der Limit-Orders ausgeführt worden. Mit der dritten Portion wird ein weiteres halbes Jahr gewartet. Zwischenzeitlich können wieder attraktive Limit-Orders platziert werden, aber auch eine komplette Pause ist denkbar. Dann wird die dritte Portion vollständig investiert, wahrscheinlich sind jetzt auch schon die ersten Dividendenzahlungen eingegangen, die direkt mit angelegt werden können.

Die vierte Portion wird als Crash-Reserve zurückgehalten. Wenn dann irgendwann die Kurse noch mal um 20 % bis 25 % einbrechen, steht das Geld aus der vierten Portion zur Verfügung, um preiswert einkaufen zu können. Auch hier nicht alles auf einen Schlag, sondern über einige Wochen verteilt. In Crashzeiten bietet es sich an, Orders zu platzieren, die unrealistisch tief erscheinende Limits haben. Denn selbst wenn die Kurse deiner Kaufkandidaten schon 20 % gefallen sind, es ist nicht ausgeschlossen, dass sie kurzzeitig noch mal um weitere 20 % fallen oder sogar mehr. Wenn an den Aktienmärkten Panik ausbricht, verhalten sich die Marktteilnehmer nicht mehr rational. Auch dein Depot wird dann weit im Minus sein, aber du hast noch die vierte Portion und kannst extrem preiswert einige Aktien von deiner Wunschliste einsammeln.

Verkaufen

Überlegen wir abschließend noch, wann die Dividenden-Aktien wieder verkauft werden. Die einfache Antwort ist: nie. Aber ganz so ultimativ ist die Sache natürlich nicht. Sollte sich eine der Firmen in unserem Depot dazu entschließen, die Dividendenzahlungen einzustellen, erfüllt sie nicht mehr den Zweck, für den wir sie gekauft haben. Dann verkaufen wir und investieren das Geld in eine andere Aktie.

Denkbar ist auch, dass eine unserer Firmen aufgekauft wird. Wir erhalten dann im Austausch entweder Bargeld oder Aktien der Firma, die uns aufkaufen will, oder eine Kombination von beidem. Wenn die neue Firma, von der wir auf diesem Wege Aktien ins Depot bekommen, nicht unseren Anforderungen einer Dividenden-Aktie entspricht, werden deren Aktien auch verkauft.

Ein ungünstiger, aber nicht unmöglicher Anlass, eine der Aktien aus dem Depot zu entfernen, ergibt sich, wenn sich das Geschäft der Firma schlecht entwickelt und es keine berechtigte Hoffnung auf eine Besserung gibt. Wenn eine solche Entwicklung eintritt, ist der Kurs der Aktie schon deutlich gefallen. Es hilft dann aber nichts, lieber mit Verlust verkaufen, als abzuwarten, bis der Kurs bei null ist. Wenn du dann noch mal zusammenrechnest, wie viel Dividende diese Firma dir im Laufe der Jahrzehnte ausgeschüttet hat, wirst du wahrscheinlich feststellen, dass du trotzdem mehr Geld aus der Firma bekommen hast, als der Kursverlust ausmacht, den du schmerzhaft hinnehmen musst.

Investitions-Depot

Wir haben jetzt das Dividenden-Depot und das Crash-Konto besprochen und dabei das Investitions-Depot außer Acht gelassen. In dieses Depot kommen Aktien, bei denen wir ein starkes Kurswachstum erwarten, um sie dann mit Gewinn zu verkaufen. Wie man solche Aktien findet, sinnvollerweise, bevor deren Kurs zum Höhenflug ansetzt, ist bereits in vielen Büchern beschrieben worden. Ich kann das bestimmt nicht besser machen und es würde auch zu weit vom Kerngedanken dieses Buches ablenken. In den Buchhinweisen findest du einige Empfehlungen zur Aktienanalyse. Natürlich kann man sich auch einen Sparplan für spezielle Wachstumsthemen einrichten. Die Möglichkeiten, ein eigenes Portfolio auszubauen, sind fast unbegrenzt. Im Grunde brauchen wir auch keine Wachstumsaktien. Denk an die Dividendenberechnung am Beispiel der BAT-Aktie zurück. Für unseren Ruhestand brauchen wir genau solche Aktien, das reicht schon. Wir müssen nicht beim nächsten Amazon oder Microsoft dabei sein. Aber schlecht wäre es natürlich auch nicht ☺.

Zusammenfassung

Die einfachste Strategie ist eine Rentenversicherung, in die man x Jahre lang monatlich Beiträge einzahlt und die dann im Ruhestand regelmäßig etwas auszahlt. Im einfachsten Fall überlässt man es der Versicherungsgesellschaft, das eingezahlte Geld sinnvoll anzulegen.

Dagegen bedeutet der Sparplan, dass man sich selbst über geeignete Anlagemöglichkeiten informiert (Fonds oder ETFs) und dann einen oder mehrere passende Sparpläne einrichtet, in die regelmäßig Geld fließt. Auch die Auszahlungsphase muss man selbst regeln, d. h., vor Beginn des Ruhestands muss rechtzeitig in Fonds oder ETFs umgeschichtet werden, die regelmäßige Ausschüttungen bieten.

Die Strategie mit dem eigenen Portfolio bietet hinsichtlich der Auswahl der Anlageinstrumente nahezu unbegrenzte Möglichkeiten, weil man für sein Portfolio (fast) alles kaufen kann, was als Wertpapier gehandelt wird. Hier überlässt man die Auswahl der Anleihen, Aktien oder anderer Investments weder einer Versicherung noch einem Fondsmanager, sondern trifft diese selbst. Das macht man bei den Sparplänen ähnlich, dort wählt man selbst die Fonds aus, in die man spart. Im Unterschied zu den Sparplänen, bei denen fast alles automatisch läuft, muss man für das eigene Portfolio jedoch gelegentlich eine Kauforder eingeben, nämlich immer dann, wenn genug Geld für einen Kauf angesammelt ist.

Vergleichen wir abschließend die drei Strategien anhand einiger Kriterien:

	Rentenversicherung	Sparplan	Eigenes Portfolio
Zeitlicher Aufwand	minimal	gering	mittel
Relative Kosten	hoch	mittel	gering
Erforderliche Disziplin	gering	mittel	mittel bis sehr hoch
Flexibilität in der Finanzplanung	minimal	hoch	hoch
Erkenntnisgewinn	minimal	mittel	hoch

Tabelle 20: Vergleich möglicher Anlagestrategien; eigene Darstellung

Zeitlicher Aufwand

Eine Rentenversicherung abzuschließen, erfordert nur einmalig etwas zeitlichen Aufwand. Man muss sich über die verschiedenen Angebote informieren und vielleicht ein oder zwei Termine mit einem Versicherungsvertreter organisieren. Nach Abschluss der Versicherung braucht man sich um nichts mehr zu kümmern, es wird monatlich abgebucht und das war's auch schon.

Das regelmäßige Abbuchen hat man auch, wenn man monatlich einen festen Betrag in einen Fonds- oder ETF-Sparplan investieren will. Allerdings muss man sich hier noch Gedanken machen, in welche Fonds man das Geld stecken will. Aspekte der Diversifikation sind zu berücksichtigen und vielleicht muss gegen Ende der Sparzeit von einem Index-Fonds in einen Fonds umgeschichtet werden, der regelmäßige Ausschüttungen liefert. Auf die gesamte Laufzeit gesehen ist der zeitliche Aufwand für Sparplananleger eher gering.

Wenn man ein eigenes Portfolio zusammenstellen will, muss man unterm Strich mehr Zeit dafür aufbringen. Immer dann, wenn eine ausreichende Menge Geld angesammelt ist, dass man davon Aktien, Fondsanteile oder Ähnliches kaufen kann, muss man sich entscheiden und einen Kaufauftrag einstellen. Natürlich muss man vorher auch Zeit aufbringen, um sich über die möglichen Kaufkandidaten zu informieren. Man muss aber nicht täglich die Börsenkurse verfolgen oder intensive Recherchen im Internet durchführen und ist natürlich frei in der Zeiteinteilung.

Relative Kosten

Wir wissen, dass Fonds und ETFs nicht ohne Kosten auskommen. Hinter dem Fondsmanagement und dem ETF-Betreiber stecken Menschen, die ihren Lebensunterhalt verdienen müssen. Auch die Rentenversicherung investiert unser Geld in Fonds bzw. ETFs. Und natürlich arbeiten auch bei der Versicherung Menschen, die wir mit unseren Beiträgen mitbezahlen. Die Versicherung setzt auf die Fondskosten also noch ihre eigenen Kosten drauf, daher sind die relativen Kosten bei der Versicherungslösung die höchsten. Nicht alles Geld, was wir an die Versicherung überweisen, arbeitet also für uns. Beim eigenen Portfolio verdient keiner mit, hier fallen nur die Transaktionskosten an, die aber transparent sind und geringgehalten werden können, wenn man nur wenige Käufe tätigt und das Portfolio nicht dauernd umschichtet.

Erforderliche Disziplin

Es ist nicht leicht, wirklich konsequent und regelmäßig Teile des Einkommens in Richtung des Kapitals zu schieben. Es wird im normalen Leben Situationen geben, in denen man allzu gerne auf die Ersparnisse für den Ruhestand zugreifen möchte oder zumindest mit dem Sparen (vorübergehend) aufhören will.

Aus psychologischen Gründen wird eine abgeschlossene Rentenversicherung dich am ehesten davor bewahren, dein Kapital zu plündern. Einfach weil du dann zur Versicherung gehen müsstest, um deinen Vertrag zu kündigen. Du müsstest also einem Dritten gegenüber offenbaren, dass es gerade ein finanzielles Problem bei dir gibt. Um eine solche Schmach zu vermeiden, wirst du zunächst alle anderen Möglichkeiten versuchen, um dein finanzielles Problem zu lösen. Die Versicherung zwingt dich in diesem Sinne also zum Durchhalten.

Anders sieht das bei den Sparplänen und dem eigenen Depot aus. Hier kannst du jederzeit ran und dein Geld abziehen oder zumindest den Sparplan aussetzen bzw. mit dem Sparen aufhören. Es ist also ein erhebliches Maß an Disziplin erforderlich, dass du aufbringen musst, um im Fall der Fälle nicht schwach zu werden. Beim eigenen Depot kommt noch ein weiterer Aspekt hinzu. Wenn du dich mit dem Finanzmarkt beschäftigst, wirst du früher oder später Gefahr laufen, der Gier zu verfallen. Das schnelle Geld lockt und du musst nur deine solide Strategie aufgeben und kannst das große Ding drehen. Das geht dann meist in die Hose und das angesparte Geld ist danach deutlich weniger geworden. Oder es kommt zu einem Börsencrash, du siehst fette rote Minuszeichen im ganzen Depot, deine Altersversorgung löst sich auf, jeden Tag wird es schlimmer, bis du es nicht mehr aushältst und schnell alles verkaufst, wahrscheinlich kurz vor dem Tiefpunkt. Bis du dich von dem Desaster mental erholt hast, sind die Kurse schon wieder kräftig gestiegen, freilich ohne dich, denn du hast ja alles verkauft … Das heißt, mit dem eigenen Portfolio musst du viel mehr Disziplin aufbringen als beim Fondssparen oder bei einer Rentenversicherung. Du musst überzeugt sein von deiner Strategie und von deinen Investments, auch wenn es an der Börse laut wird oder bergab geht.

Flexibilität in der Finanzplanung

Erinnern wir uns kurz an Kapitel II des Buches. Wir hatten gesehen, dass sich unsere Ausgaben nicht gleichmäßig auf alle Monate verteilen. Wir mussten unsere Sparbeiträge daher so anpassen, dass wir in keinem Monat mit unserem Girokonto ins Minus geraten. Diese individuellen Anpassungen der monatlichen Sparbeiträge sind bei der Rentenversicherung schlecht bis gar nicht möglich. Das eigene Portfolio bietet hier die größte Flexibilität. Du überweist immer dann Geld in Richtung des Portfolio, wenn es laut Finanzplan möglich ist. Auch die Sparpläne kann man so organisieren, dass die Sparraten nicht jeden Monat gezahlt werden müssen und die Sparpläne trotzdem monatlich ausgeführt werden. Wie das geht, haben wir weiter vorne gesehen. Bezüglich Flexibilität bieten Sparpläne und eigenes Depot deutliche Vorteile zur Versicherung, obwohl auch hier Anpassungen der monatlichen Beitragszahlungen grundsätzlich möglich sind.

Erkenntnisgewinn

Durch das Abschließen einer Versicherung lernen wir nur wenig Neues. Vielleicht verstehen wir anschließend, die Begriffe „garantierte" Ausschüttung und „mögliche" Ausschüttung zu unterscheiden, aber viel mehr wird es nicht sein.

Anders beim Fonds- und ETF-Sparen. Da müssen wir uns schon ein bisschen mit den verschiedenen Anlageklassen, Ländern, Indizes und Spezialthemen beschäftigen, um eine Auswahl für uns zu treffen. Dabei lernen wir zwangsläufig etwas dazu. Noch verstärken wird sich dieser Lerneffekt, wenn wir unser eigenes Portfolio aufbauen. Zwangsläufig müssen wir uns etwas mit der Finanzwelt, der Wirtschaft und den Unternehmen beschäftigen. Aus eigener Erfahrung weiß ich, dass man dabei eine riesige Menge lernen kann, und das schadet bestimmt nicht, denn immerhin sind wir jeden Tag ein Teil vom Wirtschaftsgeschehen. Sollte man da nicht gut Bescheid wissen?

Fazit

Damit haben wir die Ebene des Kapitals einmal durchstreift. Wir haben uns mehrere mögliche Anlageformen angesehen und drei konkrete Strategien besprochen, mit denen du sehr einfach für deine Zukunft vorsorgen kannst. Mit dem Kauf von Aktien und Aktienfonds investierst du dein Geld in Unternehmen und damit in Produktivkapital. Mit dem Kauf von Immobilienfonds oder Immobilienaktien fließt dein Geld in den Gebäudebestand. Beides, Unternehmen und Gebäude, sind Formen von Kapital, die weit über dein Leben hinaus bestehen bleiben werden. Und beides bringt dir schon zu Lebzeiten, vornehmlich im Ruhestand, Erträge, die deinen Lebensstandard unterstützen. Ergänzen kannst du deine Anlagen mit Rentenfonds, auch diese bringen dir langfristig Erträge.

Voraussetzung für ein erfolgreiches Agieren auf der Kapital-Ebene ist, das du deine Finanzen im normalen Alltagsleben so organisierst, dass die vier Bereiche Lebensstandard, Stabilität, Sicherheit und Vorsorge in einem ausgewogenen Verhältnis ihren Anteil von deinem Einkommen erhalten. Wenn dir das gelingt und du frühzeitig anfängst, wirst du ein entspanntes finanzielles Leben führen.

IV. Dein Fahrplan

Du hast verstanden, dass die staatlich organisierten Versorgungssysteme nicht ausreichen werden, um dir einen angenehmen Ruhestand zu verschaffen. Du willst deshalb selbst Kapital aufbauen. Dafür sind zwei Schritte erforderlich:

Schritt 1: Finanzen organisieren

Du musst dir Gedanken machen und für dich festlegen, wie du deine Einnahmen so verteilst, dass die vier Bereiche

- Lebenshaltung (jährliche Ausgaben, direkt oder Budgets),
- Rücklagen (unverhoffte und langfristige Ausgaben),
- Sicherheit (Einnahme-Ausfall-Versicherung, EAV),
- Vorsorge (Sparen für den Ruhestand)

einen ausreichenden Anteil von deinen Einnahmen abbekommen. Um das umzusetzen, gehst du folgendermaßen vor:

Datei herunterladen	Geh auf die Webseite zum Buch und lad dir von dort die Excel-Datei runter.
Plan erstellen	Du trägst deine Ausgaben und Einnahmen in die beiden gleichnamigen Tabellenblätter ein. Die Ausgaben müssen kleiner sein als die Einnahmen, damit noch Geld für Sicherheit und Vorsorge übrigbleibt. Auf dem DU-Blatt trägst du alles zusammen, sodass die Einnahmen des kompletten Jahres verplant sind.
Drei Konten eröffnen	Um die Übersicht über Budgets, Rücklagen und EAV zu behalten und diese Aspekte klar zu trennen, solltest du drei separate Konten einrichten.
Halte dich an deinen Plan	In der Anfangszeit solltest du sehr genau darauf achten, dass du dich an deinen eigenen Plan hältst. Sei diszipliniert! Dort, wo der Plan anfangs noch nicht passt, musst du ihn nachbessern. Kontrolliere dich und den Plan am besten wöchentlich, mindestens aber einmal im Monat.

Wenn du diesen ersten Schritt erfolgreich geschafft hast, hast du deine Finanzen dauerhaft im Griff. Allein das ist schon super!

Schritt 2: Kapital anlegen

Du bist jetzt in der Lage, jedes Jahr einen Teil deines Einkommens für den Ruhestand zu sparen, und willst dieses Geld anlegen. Mit Beginn des Ruhestands soll dein Kapital so investiert sein, dass es dir dauerhafte Erträge bringt, die langfristig ansteigen.

Um das zu erreichen, gibt es mehrere Möglichkeiten. Welche davon für dich geeignet sind, hängt von deiner eigenen Meinung ab und vor allem davon, wie viel Zeit noch bis zum Beginn deines Ruhestands bleibt.

Unabhängig vom Alter gilt: Wenn das Altersvorsorgedepot von der Regierung eingeführt wird, unbedingt informieren.

Noch 30 Jahre (oder mehr)

Du hast es einfach, weil du noch genug Zeit hast. Lass diese Zeit nicht ungenutzt und fang direkt an. Je länger du wartest, desto schwerer wird es für dich.

Rentenversicherung	Kommt für dich grundsätzlich infrage. Du solltest eine Variante wählen, die in den ersten 20 Jahren in Aktien-Fonds/-ETFs investiert und dann ca. 10 Jahre vor Beginn des Ruhestands in konservativere Anlagen umschichtet. Vergleiche die Angebote der Versicherung mit der einfachen Berechnung in einem Sparrechner. Wenn du keinen Sparplan oder Ähnliches machen willst, musst du wenigstens eine RV abschließen.
Sparplan (Depot eröffnen)	Für dich eigentlich ideal. Du kannst auf Kurssteigerungen bei Aktien-Fonds/-ETFs setzen, aber auch direkt mit Dividenden-Fonds/-ETFs beginnen. Oder eine Mischung aus beiden. Auch Rentenfonds oder Anlagen aus dem Immobilienbereich sind für dich möglich. Natürlich kannst du auch parallel zur Rentenversicherung noch Sparpläne für dich machen.

Eigenes Portfolio (Depot eröffnen)	Als Ergänzung zu Sparplänen kannst du auch in einzelne Aktien oder Anleihen investieren. Du wirst bis zum Beginn des Ruhestands noch einige Crashs an den Finanzmärkten erleben. Dann nicht in Panik verfallen. Geh auf Distanz zu den täglichen Alarmmeldungen und kaufe billig Anteile von deinen Unternehmen nach.

Für dich ist das Eröffnen eines Depots eigentlich als Pflicht zu bezeichnen. Fang langsam mit einem Sparplan an. Je höher dein Einkommen wird, desto mehr Geld kannst du sparen. Dann kannst du das Spektrum deiner Anlagen erweitern. Etwa zehn Jahre vor Beginn des Ruhestands solltest du langsam beginnen, deine Kapitalanlage konsequent auf hohe und steigende Ausschüttungen auszurichten. Nutze deine Zeit, um Erfahrungen zu sammeln und dein Wissen rund um Wirtschaft und Finanzen stetig weiter auszubauen. Schau dir im nachfolgenden Kapitel unbedingt die Sache mit dem Zinseszins an!

Noch 20 Jahre

Für dich wird es Zeit, dass du deine Altersversorgung jetzt konsequent angehst.

Rentenversicherung	Kommt für dich aus zeitlichen Gründen vielleicht noch infrage. Du musst das aber genau kalkulieren und mit der Versicherung besprechen. Vergleiche die Angebote der Versicherung mit der einfachen Berechnung in einem Sparrechner. Bevor du gar nichts machst, mach auf jeden Fall noch eine RV.
Sparplan (Depot eröffnen)	Kommt für dich am ehesten infrage. Du kannst noch auf Kurssteigerungen bei Aktien-Fonds/-ETFs setzen, solltest aber die Hälfte deiner Sparrate direkt in Dividenden-Fonds/-ETFs stecken. Auch Rentenfonds oder Anlagen aus dem Immobilienbereich sind für dich möglich.

Eigenes Portfolio (Depot eröffnen)	Als Ergänzung zu Sparplänen kannst du auch in einzelne Aktien oder Anleihen investieren. Du solltest dich vorher aber wirklich ausreichend mit den jeweiligen Unternehmen beschäftigen. Denn auch du wirst bis vor Beginn des Ruhestands noch einen Crash an den Finanzmärkten erleben. Dann nicht in Panik verfallen. Geh auf Distanz zu den täglichen Alarmmeldungen.

Falls sich die RV für dich nicht mehr rechnet, solltest du unbedingt ein Depot für dich eröffnen. Fang konsequent mit einem Sparplan an, am besten ein Dividenden-Fonds/-ETF. Je höher dein Einkommen wird, desto mehr Geld kannst du sparen. Dann kannst du das Spektrum deiner Anlagen erweitern. Etwa zehn Jahre vor Beginn des Ruhestands solltest du langsam beginnen, deine Kapitalanlage konsequent auf hohe und steigende Ausschüttungen auszurichten.

Noch 10 Jahre

Du bist spät dran! Wenn es mit deiner Altersvorsorge bisher mau aussieht, ist für dich jetzt die wichtigste Aufgabe: Ausgaben reduzieren und Sparrate erhöhen! Dein Lebensstandard wird sich in zehn Jahren schlagartig und stark reduzieren, weil du in den Ruhestand gehst. Spätestens dann musst du mit einem fetten Rotstift deine gewohnten Ausgaben zusammenstreichen. Und genau dieses Zusammenstreichen solltest du jetzt schon beginnen, um mehr Geld sparen zu können.

Rentenversicherung	Kommt für dich aus zeitlichen Gründen nicht mehr infrage. Die Kosten der Versicherung sind zu hoch, als dass du daraus in zehn Jahren noch einen sinnvollen Ertrag erhalten kannst.
Sparplan (Depot eröffnen)	Für dich eigentlich die einzige noch sinnvolle Lösung. Beschäftige dich intensiv mit Dividenden-Fonds/-ETFs. Achte insbesondere auf die langfristige Stabilität und Steigerung der Ausschüttungen. Such

	dir zwei oder drei Fonds/ETFs raus und fang mit den Sparplänen an. Vielleicht behältst du 20 % deiner Sparrate zurück und setzt dieses Geld gezielt erst dann ein, wenn deine Fonds/ETFs beim nächsten Crash im Kurs zurückgehen. Auch Rentenfonds oder Anlagen aus dem Immobilienbereich kommen für dich infrage, wenn diese regelmäßig steigende Ausschüttungen haben.
Eigenes Portfolio (Depot eröffnen)	Als Ergänzung zu Sparplänen kannst du auch in einzelne Aktien oder Anleihen investieren. Du solltest dich vorher aber wirklich ausreichend mit den jeweiligen Unternehmen beschäftigen. Auf große Kurssteigerungen kannst du aber nicht mehr setzen, dafür ist die Zeit bis zum Ruhestand zu kurz. Solide Dividenden-Aktien sind für dich interessant.

Größeren Betrag anlegen

Wenn du zur Generation Ü+ gehörst, hast du wahrscheinlich schon etwas für den Ruhestand gespart oder vielleicht sogar eine Summe geerbt. Und vielleicht liegt dieses Geld auf einem Sparbuch oder ist in Festgeld oder ähnlichen Bankprodukten angelegt. Dort bringt dir das Geld keine langfristig steigenden Erträge und du kannst überlegen, ob du zumindest einen Teil davon in Dividenden-Fonds/-ETFs überführst. Du kannst klein anfangen und erst mal nur 5 % oder 10 % von deinen Ersparnissen nehmen. Dann wartest du zwei Jahre und schaust dir an, wie es funktioniert.

Keine Angst vor großen Zahlen

Noch ein letzter Hinweis, vor allem an die junge Generation: Wenn du direkt mit dem Start ins Berufsleben damit beginnst, Kapital anzulegen, wirst du zu Beginn deines Ruhestands sehr wahrscheinlich ein Depot haben, in dem Wertpapiere in Höhe von mehreren 100.000 Euro liegen. Wie komme ich darauf?

Im Jahr 1986 habe ich eine Ausbildung zum Fernmeldehandwerker bei der Deutschen Bundespost begonnen. Im ersten Lehrjahr gab es eine Vergütung in Höhe von 380,– DM, das sind umgerechnet 190,– Euro. Heute kannst du bei der Deutschen Telekom eine Ausbildung zum IT-Systemelektroniker beginnen und bekommst 1.120,– Euro.[29] Die Vergütung hat sich in rund 40 Jahren fast versechsfacht.

Warum erzähle ich das? Stell dir vor, dass du im Ruhestand monatlich so viel Ertrag aus deinem Kapital erhalten willst, wie es heute 300 Euro entspricht. Wenn dein Ruhestand in etwa 40 Jahren beginnt und wir wie bei der Ausbildungsvergütung eine Versechsfachung unterstellen, wären das 6 x 300 Euro = 1.800 Euro pro Monat oder 21.600 Euro pro Jahr (12 x 1.800 = 21.600). Nehmen wir an, dein Kapital würde im Ruhestand 6 % pro Jahr abwerfen. Dein Wertpapierdepot wäre dann 360.000 Euro schwer, weil:

$$360.000 \; Euro \; x \; 0,06 = 21.600 \; Euro$$

Das hört sich verrückt an. Genau das hätte ich auch gesagt, wenn mir 1986 jemand erklärt hätte, dass es 40 Jahre später mehr als 2.200 DM Ausbildungsvergütung im ersten Lehrjahr gibt. Aber es ist tatsächlich so gekommen.

Fachwissen und Begriffe

Abgeltungssteuer

Siehe Kapitalertragsteuer

Aktien

Aktien verbriefen einen Anteil an einem Unternehmen. Sprich, wenn du eine Aktie besitzt, dann gehört dir ein (sehr kleiner) Teil von einem Unternehmen. Bereits mit einer Aktie hast du das Recht, an der Hauptversammlung teilzunehmen, Auskunft zu verlangen und deine Stimme bei Abstimmungen abzugeben. Zudem bekommst du wie alle anderen Aktionäre auch für jede Aktie eine Dividende ausgezahlt. Das natürlich nur, wenn das Unternehmen überhaupt eine Dividende zahlt, dazu ist ein Unternehmen nicht verpflichtet.

Es gibt auch Aktien, die bezüglich der Rechte etwas anders ausgestattet sind, z. B. gibt es Aktien ohne Stimmrecht. Solche Aktien werden Vorzugsaktien (Vz) genannt. Je nach Regelung erhalten diese Aktien eine leicht erhöhte Dividendenzahlung oder der Kurs der stimmrechtlosen Aktien ist bei gleicher Dividende schlicht niedriger als der Kurs der normalen Aktien mit dem Stimmrecht. Im Grunde stehen deinen Rechten eigentlich keine Pflichten gegenüber. Du musst weder im Unternehmen mitarbeiten, wenn Personal fehlt, noch Geld überweisen, wenn dessen Kasse leer ist, und du musst auch nicht für die Schulden des Unternehmens aufkommen, wenn es pleitegeht.

Aktien werden an der Börse gehandelt. Die Aktien, die wir an der Börse kaufen, verkauft uns ein anderer Aktionär und nicht das Unternehmen selbst. An der Börse werden also „gebrauchte" Aktien gehandelt, den Kurs der Aktie bestimmen Angebot und Nachfrage.

Nur bei Neuemissionen oder bei Kapitalerhöhungen werden Aktien von einem Unternehmen neu an den Markt gebracht und das Geld, das die Käufer dieser Aktien zahlen, geht an das Unternehmen. In diesem Zusammenhang entsteht für den Aktienbesitzer die Pflicht zur Einzahlung des Eigenkapitals, sprich, den Kaufpreis der Aktie auch tatsächlich zu bezahlen.

Aktiensplit

Im Laufe der Jahrzehnte steigen die Kurse der meisten Aktien immer weiter an. Sie werden dadurch scheinbar teuer. Bereits wenn eine Aktie über 100 Euro kostet, erscheint sie im Vergleich zu einer anderen Aktie, die vielleicht nur 45 Euro kostet, als ausgesprochen teuer. Spätestens wenn der Kurs der Aktie die 10.000er-Marke überschreitet, muss man schon sehr lange sparen, damit man sich überhaupt nur eine einzige dieser Aktien kaufen kann.

Viele Aktiengesellschaften führen daher zu gegebener Zeit einen Aktiensplit durch. Im einfachsten Fall wird der Kurs der Aktie einfach dadurch halbiert, indem man die Anzahl der Aktien verdoppelt. Die Marktkapitalisierung, also der Gesamtwert des Unternehmens, verändert sich dadurch nicht. Die Aktionäre haben nach dem Split doppelt so viele Aktien des Unternehmens im Depot und der Kurs dieser Aktien ist nur noch halb so hoch wie vor dem Split. Also hat sich unterm Strich für die Aktionäre keine Vermögensänderung ergeben. Aber nicht alle Unternehmen splitten ihre Aktien. Eine einzige Aktie von Lindt (Lindt & Sprüngli) kostet mittlerweile über 100.000 Franken und ist für uns Privatanleger dadurch unerschwinglich. Wir können uns nur mit einem Stück Schokolade trösten.

Es gibt übrigens auch den umgekehrten Fall. Wenn der Kurs einer Aktie im Bereich von wenigen Cent liegt, vermittelt dies den Eindruck, dass die Aktie wertlos sei. In diesem Fall wird vielleicht ein sogenannter reverse split durchgeführt. Das bedeutet, dass beispielsweise 1.000 Aktien zu einer neuen Aktie zusammengeführt werden. Der Kurs der neuen Aktie liegt dann wieder im zweistelligen Bereich.

Altersvorsorge-Depot

In einem normalen Depot wird mit Geld gearbeitet, das nach Steuern vom Einkommen übrigbleibt. Sprich, auf das Depotkonto überweist du Teile deines Nettoeinkommens. Erträge und Gewinne, die du in einem normalen Depot erzielst und die in Summe über den Freibetrag hinausgehen, müssen ebenfalls versteuert werden.

Timo Baudzus hat am 02.06.2024 ein Video mit Florian Toncar (FDP, MdB) veröffentlicht[30], der Staatssekretär im Bundesfinanzministerium ist. Herr Toncar berichtet in diesem Video, dass eine Fokusgruppe Altersversorgung diskutiert, die rechtliche Grundlage für ein sogenanntes Altersvorsorge-Depot zu schaffen. Einige Eckpunkte sind schon bekannt. Einzahlungen in dieses Depot sollen steuerfrei sein und gefördert werden. Eine Obergrenze von 3.000 Euro ist wohl im Gespräch und die Förderung soll bis zu 20% betragen, also max. 600 Euro. Erträge und Gewinne, die innerhalb des Depots entstehen, bleiben steuerfrei. Erst Gelder, die aus dem Depot entnommen werden, unterliegen dann der Besteuerung. Dazu wird im Alter von 65-70 Jahren ein Auszahlungsplan begonnen, der mindestens bis zum 85 Lebensjahr reichen muss. Auch Einmalentnahmen sollen möglich sein. Im Erbfall soll das Depot in das Altersvorsorge-Depot der Erben übertragbar sein.

Welche Wertpapiere in das Depot gekauft werden können, ist noch nicht final besprochen, aber diese Form von Depot sollte sich auf jeden Fall lohnen, weil man voll vom Zinseszinseffekt profitieren kann, ohne Abzüge bei den Erträgen hinnehmen zu müssen. Zudem ist die Steuerbelastung im Ruhestand in der Regel geringer als während des aktiven Berufslebens, also sollte mit dem Altersvorsorge-Depot unterm Strich mehr rauskommen. Die Entwicklung dieser Gesetzgebung solltest du unbedingt im Auge behalten.

Anleihen

Anleihen sind sinnbildlich ein „Stück Papier", auf dem ein Schuldverhältnis zwischen Gläubiger und Schuldner definiert ist. Statt Gläubiger nennt man den Geldgeber auch Anleger, weil genau genommen der Schuldner dem Anleger die Anleihe verkauft. Den Schuldner nennt man freundlicherweise Emittent, weil er die Anleihe „ausgibt". Anleihen gehören zu den Wertpapieren und werden auch als Bonds, Obligationen, Rentenpapiere oder kurz Renten bezeichnet.

Für das allgemeine Verständnis sind folgende Dinge wichtig: Anleihen haben in der Regel eine Laufzeit. Nach Ablauf der Laufzeit bekommt der Besitzer der Anleihe das geliehene Geld zurück. Zwischendurch gibt es üblicherweise regelmäßige Zinszahlungen (Kupon). Ein Anleger, der eine Anleihe bei der Emission erwirbt, muss diese nicht bis zum Laufzeitende behalten, sondern kann sie jederzeit an einen anderen Anleger verkaufen. Eine vorzeitige Rückgabe an den Emittenten ist nicht möglich. Anleihen werden wie Aktien an der Börse gehandelt. Das Volumen des Anleihemarktes ist um ein Vielfaches größer als das Volumen am Aktienmarkt. Immer wenn du von Staatsschulden, Haushaltsdefizit, Sondervermögen, Rettungsschirmen und dergleichen hörst, geht es in letzter Konsequenz immer um Anleihen, über die sich der Emittent das Geld für seine Vorhaben beschafft. Neben den Staaten geben auch Unternehmen und internationale Organisationen Anleihen aus, um sich Geld zu organisieren.

Im Bonusmaterial weiter hinten im Buch wird eine Anleihe im Detail betrachtet.

Ausgabeaufschlag

Viele Fonds verkaufen neue Fondsanteile zu einem höheren Kurs, als sie alte Anteile im gleichen Moment zurücknehmen. Der Rücknahmepreis ergibt sich aus dem im Fonds enthaltenen Vermögen. Bei der Ausgabe neuer Anteile schlägt die Fondsgesellschaft auf diesen Preis noch bis zu 5 % drauf. Dieser Ausgabeaufschlag wird oft mit dem Aufwand für die

Beratung begründet, die der Käufer vor dem Kauf in Anspruch genommen hat. Allerdings kann man bei Verzicht auf die Beratung, und das ist ja der Normalfall, wenn man sich selbst im Internet schlaumacht, einen Rabatt auf den Ausgabeaufschlag bekommen oder er entfällt sogar komplett. Viele Online-Broker bieten auf ausgewählte Fonds einen Rabatt auf den Ausgabeaufschlag an, wenn man einen Sparplan einrichtet. Wer Fondsanteile direkt an der Börse kauft, zahlt häufig gar keinen Ausgabeaufschlag, dafür aber die üblichen Transaktionskosten, die der Broker verlangt.

Es gibt auch Fonds, die von vornherein keinen Ausgabeaufschlag verlangen. Bei diesen sind dann oft die jährlichen Verwaltungsgebühren höher, was sich auf lange Sicht nachteiliger auswirkt als ein Ausgabeaufschlag.

Ausschüttend

Fonds haben zwei Möglichkeiten, wie sie mit den erwirtschafteten Gewinnen umgehen. Sie können die Gewinne oder Teile davon an die Anteilseigner ausschütten. Wie hoch und regelmäßig diese Ausschüttungen sind, kann sehr unterschiedlich sein. Möglichkeit zwei ist, dass die Gewinne im Fonds verbleiben und weiter gewinnbringend angelegt werden. Das nennt man thesaurieren.

Ausschüttungsquote

Die Ausschüttungsquote gibt den Anteil vom Jahresgewinn an, der an die Eigentümer in Form einer Dividendenzahlung ausgeschüttet wird. Beträgt der Gewinn pro Aktie beispielsweise 1,20 Euro und die Dividende 0,40 Euro, dann beträgt die Ausschüttungsquote 33 % (0,40 / 1,20). Je kleiner die Ausschüttungsquote, desto besser ist die Dividende durch den Gewinn gedeckt. Bei Quoten von mehr als 100 % ist Vorsicht geboten.

Basisinformationsblatt

Basisinformationsblätter (BIB; auch KID: Key Information Document) sollen die Anleger/Verbraucher über die wichtigsten Merkmale eines Finanzprodukts, insbesondere über dessen Risiken, Renditeprofil und Kosten, informieren.

Bezugsrechte

Siehe Kapitalerhöhung.

Bilanz

In einer Bilanz werden die Vermögenswerte und das Kapital eines Unternehmens gegenübergestellt. Die Vermögenswerte befinden sich auf der Aktivseite der Bilanz und sind real vorhanden. Auf der Passivseite zeigt die Bilanz das Kapital, mit dem die Vermögenswerte finanziert wurden. Die beiden Bilanzseiten müssen den genau gleichen Wert aufweisen.

Im Bonusmaterial gibt es eine anschauliche Erklärung, wie sich bestimmte Geschäftsfälle in einer Bilanz auswirken.

Börse(n)

Auf der Internetseite von extraETF.com[31] gibt es einen Artikel über die deutschen Börsenplätze, in dem beschrieben ist, worin die Börsenplätze ihre Unterschiede haben.

Die folgenden beiden Tabellen sind aus diesem Artikel entnommen.

Börsenplatz	Marktmodell	Handelszeiten Mo.-Fr.	Anzahl Wertpapiere
Börse Frankfurt	Fortlaufende Auktion	08:00 – 20:00	1,7 Mio.
Börse Stuttgart	Hybrides Marktmodell	08:00 – 22:00	1,8 Mio.
Börse München	Spezialistenmodell	08:00 – 20:00	23.000
Börse Berlin	Orderbuch	08:00 – 20:00	30.000
Börse Hamburg	Hybrides Marktmodell	08:00 – 22:00	12.000
Börse Düsseldorf	Hybrides Marktmodell	08:00 – 22:00	17.000

Tabelle 21: Börsenplatz-Vergleich Regionalbörsen; Quelle: extraETF Research, Stand: 09/22

Börsenplatz	Marktmodell	Handelszeiten Mo.-Fr.	Anzahl Wertpapiere
Xetra	Fortlaufende Auktion	09:00 – 17:30	2.600
Tradegate Exc.	Orderbuch	08:00 – 22:00	13.000
Quotrix	Hybrides Marktmodell	08:00 – 22:00	14.000
LS Exchange	Market Marker	07:30 – 23:00	10.000
gettex	Market Marker	08:00 – 22:00	220.000

Tabelle 22: Börsenplatz-Vergleich Computerbörsen; Quelle: extraETF Research, Stand: 09/22

Wie wir sehen, wird zwischen Regionalbörsen und Computerbörsen unterschieden. Beide unterteilen sich in verschiedene Börsenplätze, die sich wiederum durch Marktmodell, Handelszeiten und die Anzahl der handelbaren Wertpapiere unterscheiden.

Genau diese Börsenplätze finden wir auch angegeben, wenn wir auf den einschlägigen Finanzseiten die Detailansicht zu einer Aktie oder zu einem anderen Wertpapier aufrufen. Meist wird zusätzlich angegeben, wie hoch das Handelsvolumen am laufenden bzw. letzten Handelstag an den einzelnen Börsenplätzen gewesen ist. Für uns ist das besonders bei kleinen, sogenannten Nebenwerten eine relevante Information. Wir sollten beim Handel von Nebenwerten immer einen Börsenplatz mit hohem Volumen auswählen, damit wir überhaupt einen Handelspartner finden. Denn schließlich findet ein Handel nur statt, wenn es für einen Kaufwunsch auch einen passenden Verkäufer gibt und umgekehrt. Ein hohes Volumen deutet darauf hin, dass sich für das Wertpapier an dem Börsenplatz viele Käufer und Verkäufer befinden.

An der Börse treffen sich also Käufer und Verkäufer und wenn sich beide über den Kurs des auszutauschenden Wertpapiers einig sind, kommt ein Handel zustande. Der Kurs des letzten ausgeführten Handels wird uns in der Regel als aktueller Kurs auf den Finanzseiten angezeigt. Natürlich will ein Käufer günstig kaufen und ein Verkäufer einen hohen Preis erzielen, sodass manchmal Angebot und Nachfrage nicht zusammenkommen. Es findet also kein Handel statt. Kurse, zu denen ein Käufer bereit ist, ein Wertpapier zu kaufen, werden auch Geldkurse genannt (es ist Geld da, das zu diesem Kurs kaufen will) und im Gegensatz dazu werden Kurse, zu denen ein Verkäufer bereit ist, ein Wertpapier zu verkaufen, Briefkurs genannt. Das Wort Brief leitet sich daraus ab, dass der Verkäufer ein Wertpapier mit verbrieften Eigenschaften verkaufen will. Insbesondere außerhalb der üblichen Börsenzeiten liegen Geld- und Briefkurs weit auseinander, bis zu mehreren Prozent.

CHF

Schweizer Franken.

Cost-Average-Effekt (Durchschnittskosten-Effekt)

Wenn du regelmäßig die gleiche Summe in den gleichen ETF oder Fonds investierst, dann ergibt sich zwangsläufig der sogenannte Cost-Average-Effekt. Der bezeichnet die Tatsache, dass du für den gleichen (monatlichen) Betrag mehr Anteile von dem ETF bekommst, wenn der Kurs des ETFs im Vergleich zum Vormonat gesunken ist. Das wird seit Langem von der Fondsindustrie als Vorteil der Sparpläne propagiert. Im Grunde ist es aber nur ein Marketingbegriff für nüchterne Mathematik. Wenn ich jeden Monat für exakt 80 Euro tanken gehe, bekomme ich in Monaten, in denen der Spritpreis niedrig ist, mehr Liter für meine 80 Euro. Ich würde das nicht cost average nennen, sondern günstig tanken.

Im Kern ist das Kaufen bei niedrigen Kursen natürlich eine sehr gute Idee. Bei regelmäßigen Sparplänen ergibt sich der Cost-Average-Effekt von ganz alleine. Bei den vorgestellten Strategien wird der Effekt gezielt verstärkt.

Depot / Broker

Wenn du in Aktien oder Anleihen investieren oder einen Fondssparplan einrichten willst, benötigst du ein Depot, in dem die von dir gekauften Wertpapiere aufbewahrt werden. Ferner brauchst du Zugang zu den Börsen, an denen die Wertpapiere deiner Wahl gehandelt werden. Beides, Depot und Zugang, bieten Broker als Dienstleistung an. Heute sind das der Einfachheit halber Online-Broker, aber jede Bank oder Sparkasse kann auch ein Depot für dich eröffnen.

Zusätzlich zum Depot eröffnet der Broker in der Regel ein Verrechnungskonto für dich. Auf dieses Konto überweist du das Geld, mit dem du die Wertpapiere kaufst, und auf dem Konto landen auch Zinsen, Dividenden usw. Eine direkte Verknüpfung des Depots mit dem Giro-Konto ist je nach Anbieter ebenfalls möglich. Ich rate aber davon ab, diese direkte Verknüpfung herzustellen. Es ist besser, wenn Girokonto (Leben) und Depot + Verrechnungskonto (Kapital) klar getrennt sind.

Eine schnelle Suche nach „Broker Vergleich" bringt eine lange Liste von Online-Brokern, die sich bzgl. der Gebühren und der angebotenen Dienstleistung durchaus unterscheiden. Von daher ist es sinnvoll, dass du dir erst Klarheit darüber verschaffst, was du bzgl. Wertpapierhandel zukünftig machen willst. Wenn du ETF-Sparpläne einrichten willst, schau dir Broker an, die eine kostenfreie Ausführung anbieten. Achte darauf, welche ETFs kostenfrei bespart werden können und ob die von dir bevorzugten ETFs dabei sind. Darüber hinaus ist vielleicht die Mindestsparrate eine relevante Größe. Wenn du monatlich viele kleine Sparpläne machen willst, sollte die Mindestsparrate vielleicht nicht bei 100 Euro liegen. Übliche Mindestsparraten liegen bei 20–25 Euro.

Ein anderer Aspekt sind die Börsen, zu denen der Broker Zugang hat. Wenn du internationale Aktien und Anleihen kaufen willst, sollte der Broker natürlich auch eine lange Liste von Börsen anbieten. Übrigens: Der Handel an internationalen Börsen ist meist mit höheren Kosten verbunden, auch hier lohnt sich ein grober Vergleich.

Ein weiterer Aspekt sind sicherlich die Depotgebühren. Häufig ist die Depotführung kostenlos, zumindest in den ersten Jahren oder wenn du eine Mindestanzahl von Käufen bzw. Verkäufen (Trades) pro Quartal oder Jahr ausführst. Eine andere Schwelle zur kostenlosen Depotführung kann der Wert deiner Wertpapiere sein. Beispielsweise ist die Depotführung meist kostenlos, wenn das Depot mehr als 10.000 Euro aufweist.

Die Broker verdienen ihr Geld primär aus den Gebühren, die sie für jeden Trade kassieren. Oft wird in den Vergleichslisten daher ausgewiesen, was ein 1.000-Euro-Trade kosten würde. Das kann im Bereich von 10 Euro, also 1 % des Handelsvolumens, liegen. Aber Vorsicht, bei einer 200-Euro-Order betragen die Gebühren auch knapp 10 Euro und das sind dann schon 5 % Zuschlag. Daher sind kleine Orders wegen der Transaktionskosten häufig wenig sinnvoll.

$$Gebuehren\ in\ Prozent\ =\ \frac{Kosten}{Ordervolumen} = \frac{10\ Euro}{200\ Euro} = 0,05 = 5\ \%$$

Interessanterweise gibt es auch Broker, die gar keine Gebühren nehmen. Keine Depotgebühr, keine Transaktionskosten, alles für null. Es versteht sich von selbst, dass diese Broker auf eine andere, für uns nicht zu erkennende Art, Geld verdienen. Schließlich müssen sie ja die technische Infrastruktur und das Personal irgendwie bezahlen. Vermutlich ist es dann um die Leistungsfähigkeit der Technik nicht sehr gut bestellt, denn eine technische Infrastruktur zu betreiben, die hochverfügbar ist und auch bei Spitzenbelastungen einwandfrei funktioniert, ist ziemlich teuer. Mich würde es nicht wundern, wenn in turbulenten Börsentagen, wenn viele Anleger hektisch ihre Depotbestände verkaufen wollen, das Aufgeben einer Order nicht möglich ist, weil die Server überlastet sind. Insofern zahle ich gerne die Gebühren, wenn ich dafür eine zuverlässige Handelsmöglichkeit bekomme.

Noch ein Hinweis zum Schluss. Man kann Wertpapiere übrigens auch von einem zum anderen Depot übertragen, ganz ähnlich, wie wir Geld von einem zum anderen Konto überweisen. Das geht allerdings nicht mit Bruchstücken von Aktien oder Fonds. Wenn du mit deinem Broker irgendwann nicht mehr zufrieden bist, kannst du jederzeit zu einem anderen wechseln, ohne dass du beim alten Broker alles verkaufen musst. Zu guter Letzt solltest du dir das Preisverzeichnis von der Seite des Brokers deiner Wahl runterladen und wenigstens einmal durchlesen, bevor du das Depot eröffnest.

Das Eröffnen geht übrigens ganz einfach online. Neben deinen persönlichen Daten brauchst du einen gültigen Personalausweis, dein Handy und gute Beleuchtung, damit die Sicherheitsmerkmale des Ausweises gut per Kamera zu sehen sind. Du kannst dich in der Regel aber auch offline bei der Post identifizieren.

Diversifikation

Bei der Kapitalanlage teilt man das anzulegende Geld aus Risikogesichtspunkten auf verschiedene Anlagen auf, um „nicht alle Eier in einen Korb zu legen" oder „nicht alles auf eine Karte zu setzen". Schlecht ist, wenn ich mein ganzes Geld in nur zwei Aktien angelegt habe. Wenn eine der beiden Firmen insolvent geht, ist die Hälfte vom Geld weg. Ein anderer Fall wäre, wenn ich mein ganzes Geld in eine vermietete Immobilie stecke. Wenn in der unmittelbaren Umgebung ein Windrad aufgestellt oder eine Kläranlage gebaut wird, wird sich das nachteilig auf die erzielbaren Mieteinnahmen auswirken. Wir können beliebige weitere Beispiele finden, die eine ungünstige Kapitalallokation (so nennen das die Fachleute) aufweisen. Also müssen wir unser Kapital sinnvoll aufteilen.

Unglücklicherweise kann man aus sehr vielen Gesichtspunkten heraus Diversifikation betreiben, was die Sache nicht einfacher macht.

Anlageklassen	Aktien, Anleihen, Edelmetalle, Immobilien usw.
Branche	Automobil, Pharma, Internet, Rohstoffe usw.
Kontinente	USA, Europa, Asien usw.
Länder	Deutschland, Polen, Frankreich usw.
Währungen	US-Dollar, Singapur Dollar, Euro, Franken usw.
Unternehmensgröße	Global Leader, Mittelstand, Start-up usw.

Tabelle 23: Möglichkeiten der Diversifikation; eigene Darstellung

Die Liste ließe sich noch fortsetzen. Wie können wir als Kleinkapitalisten den Gedanken der Diversifikation nun umsetzen und so das Risiko in unserer Kapitalanlage verringern? Das ist einfacher, als es scheint. Nehmen wir an, wir kaufen uns Aktien von einem großen internationalen Nahrungsmittelkonzern, weil dieser eine regelmäßige und steigende Dividende ausschüttet. Dann sind wir zwar bzgl. Anlageklasse (Aktie), Branche (Nahrungsmittel) und Unternehmensgröße (Global Player) fokussiert, sind aber bzgl. Kontinente, Länder und Währungen automatisch diversifiziert, weil das internationale Geschäft ja in vielen Ländern und Währungen stattfindet. Diese „globale" Diversifikation findet man eigentlich bei allen großen Unternehmen. Dafür müssen wir noch nicht mal im Ausland suchen. Nehmen wir die Deutsche Telekom und schauen in den Geschäftsbericht von 2022. Dort sehen wir, dass nur etwa 25 % des Umsatzes in Deutschland erzielt werden. Fast 2/3 des Umsatzes werden in den USA gemacht, der Rest in Europa. Obwohl „Deutsche" Telekom draufsteht, liegt der Schwerpunkt der Geschäftsaktivität also in den USA und damit im US-Dollar.

So weit, so gut, aber wie soll man nun die ersten 1.000 Euro, die man mit Mitte zwanzig angespart hat, sinnvoll diversifizieren? Meine Antwort: gar nicht! Die 1.000 Euro sind zu wenig, als dass man sie sinnvoll auf asiatische Immobilien, brasilianische Start-ups, deutsche Staatsanleihen und finnische Wälder aufteilen könnte. Aber du hast noch 40 Jahre vor dir, in denen du Teile deines Einkommens investieren willst. Also kannst du die Sache mit der Diversifikation vom Endzustand her betrachten. Überlege dir erst mal grob, wie dein Kapital diversifiziert sein soll, wenn du in den Ruhestand gehst. Vielleicht sind 60 % Dividendenaktien, 20 % Immobilienfonds und 20 % Anleihefonds eine Aufteilung, mit der du gut schlafen kannst. Dann spricht heute nichts dagegen, dass du die 1.000 Euro komplett in eine einzige Aktie investierst. Nächstes Jahr gehen deine Jahresersparnisse vielleicht in eine andere Aktie und im folgenden Jahr vielleicht in einen Immobilienfonds, weil dieser gerade im Kurs gefallen ist. Mit diesem Vorgehen diversifiziert sich deine Kapitalanlage im Laufe der Zeit breit genug, um Ausfallrisiken verkraftbar zu machen.

Dividende

Das Wort „Dividende" hast du jetzt schon unzählige Male gelesen. Genau genommen ist eine Dividende die Entnahme eines Teils des Eigenkapitals aus dem Unternehmen, der an die Eigentümer (Aktienbesitzer) ausgezahlt wird. Manchmal liest man auch, dass das Unternehmen Teile des Gewinns als Dividende an die Aktionäre (Eigentümer) ausschüttet. Wenn du dir im Bonusmaterial das Thema Bilanz angeschaut hast, wirst du feststellen, dass beide Formulierungen richtig sind und das Gleiche meinen.

Interessanter ist Folgendes: Dividenden werden in Deutschland häufig einmal im Jahr gezahlt, meist unmittelbar nach der Hauptversammlung, weil erst auf der Hauptversammlung die Höhe der Dividende offiziell beschlossen wird. April, Mai und Juni sind die Monate, in denen die meisten Unternehmen in Deutschland ihre Hauptversammlungen abhalten. Demzufolge sind das auch die Monate, in denen große Summen an die Eigentümer in Form von Dividenden ausgeschüttet werden. Es gibt aber auch Unternehmen, die halbjährlich oder quartalsweise Dividenden zahlen. Diese finden sich meist im angelsächsischen Raum. Einige Unternehmen beteiligen ihre Eigentümer statt mit einer Dividende in Form von Geld auch mit Produkten aus dem eigenen Sortiment, etwa Nachthemden.

Dividende bekommst du übrigens unabhängig davon, zu welchem Kurs oder zu welchem Zeitpunkt du deine Aktien gekauft hast. Für jede Dividendenzahlung gibt es einen Stichtag, und wer am Ende dieses Tages die Aktien im Depot hat, bekommt die Dividende. Auch hier gibt es wieder interessante Varianten im angelsächsischen Raum. Zwischen dem Stichtag, an dem die Dividendenberechtigten festgestellt werden, und dem Tag der tatsächlichen Zahlung können einige Wochen liegen. Aber das macht nichts, du kannst dich darauf verlassen, dass du deine Dividendenzahlung bekommst. Selbst wenn du zwischenzeitlich deine Aktien verkauft hast, kommt die Dividende zuverlässig bei dir an.

ETF

Exchange Traded Funds (ETF) – börsengehandelte (Index-)Fonds – sind, wie der Name schon sagt, auch Fonds, allerdings mit zwei wesentlichen Unterschieden zum klassischen Fonds. Zum einen erfolgt die Auswahl der Aktien bzw. Anleihen nicht aktiv durch einen Fondsmanager, sondern nach festgelegten Regeln, die durch ein Computerprogramm ausgeführt werden. Eine solche Regel kann zum Beispiel sein, dass die ausgewählten Aktien genau den DAX (deutscher Aktien-Index) widerspiegeln sollen. Diese Regel ist schnell formuliert und für die Auswahl der Aktien braucht man keinen aktiven Manager. Es soll ja nur die Indexzusammensetzung nachgebildet werden. Dadurch sind die Kosten der ETFs im Vergleich zu den klassischen Fonds deutlich geringer.

Der zweite Unterschied steckt schon im Namen, nämlich dass die Anteile an der Börse gehandelt werden können. Es werden also sekündlich Angaben zum aktuellen Kurs eines Fondsanteils gemacht und man kann jederzeit einen Anteil kaufen oder verkaufen. Mittlerweile werden aber auch für viele klassische Fonds fortlaufende Kurse gestellt, womit dieser Vorteil der ETFs eigentlich schon überholt ist.

Wie eingangs beschrieben, bilden ETFs einen Index nach. Indizieren kann man so ziemlich alles, weshalb es eine unüberschaubare Anzahl an mitunter sehr speziellen ETFs gibt. Die Nachbildung des Index kann dabei physisch oder synthetisch erfolgen. Man spricht auch von physischer oder synthetischer Replikation. Kurz erklärt bedeutet physische Nachbildung, dass das Geld der Anleger tatsächlich in die Vermögenswerte investiert wird, die den Index bilden. Es werden also tatsächlich Aktien des DAX gekauft, wenn der ETF ein physischer DAX-ETF ist. Bei den synthetischen ETFs wird der Index nur nachgeahmt. Weitere Erklärungen spare ich mir hier, weil sie zu kompliziert sind. Wer es genauer wissen will, sucht im Internet. Synthetische ETFs sind in meinen Augen ein weiteres Spielzeug der Finanzindustrie, das zusätzliche Risiken birgt, die niemand wirklich abschätzen kann. Und sie sind damit weit entfernt von dem, was wir für den Ruhestand brauchen. Also wenn schon ETF, dann nur physische.

ETFs sollen gegenüber den klassischen Fonds den Vorteil haben, dass sie auf lange Sicht besser abschneiden, also mehr Rendite bringen. Als Vergleichsmaßstab muss eine Benchmark, also ein Index, herhalten, an der sich alle gleichartigen Fonds und ETFs messen lassen, beispielsweise der DAX. Das konkrete Ziel, einen bestimmten Index zu schlagen, haben die wenigsten Fonds formuliert. Insofern ist das Vergleichen eigentlich überflüssig. Dennoch, wenn du jung bist und wenig Zeit hast, um dich um die Auswahl einzelner Aktien zu kümmern, ist ein physisch replizierter ETF sicherlich erst mal eine gute Anlageform.

Fonds

Fonds sammeln das Geld von vielen Anlegern ein und investieren es in Aktien, Anleihen oder anderen Anlageklassen. Es gibt offene Fonds, bei denen ein Anleger jederzeit seine Anteile am Fonds zurückgeben kann. Bei geschlossenen Fonds geht das in der Regel nicht oder erst nach einer langen Wartezeit. Das Kaufen und Verkaufen der Fondsanteile findet zwischen den Anlegern und der Fondsgesellschaft statt.

Das Spektrum an Fonds, in die wir investieren (von denen wir Anteile kaufen) können, ist sehr groß. Üblich sind Aktienfonds, Anleihefonds (auch Rentenfonds genannt) und Mischfonds, die Aktien und Anleihen in einem gewissen Verhältnis enthalten. Dann gibt es noch Dachfonds, die das Geld nicht direkt in Aktien oder Anleihen investieren, sondern in Fonds. Quasi eine Verpackung um die Verpackung, die brauchen wir eigentlich nicht.

Die Auswahl der Wertpapiere, in die investiert wird, trifft der Fondsmanager bzw. ein ganzes Team. Um eine vernünftige Auswahl zu treffen, ist viel Rechercheaufwand erforderlich. Die Fondsmanager lesen nicht nur die Geschäftsberichte, sondern besuchen auch die Firmen, Messen und Investorentage. Das ist ein enormer Aufwand, weshalb ein gewisser Teil des Fondsvermögens als Vergütung für das Fondsmanagement und die entstandenen Verwaltungskosten abgezogen wird. Mit anderen Worten: Nicht das ganze eingezahlte Geld arbeitet für dich, und die Kosten fallen unabhängig davon an, ob sich der Fonds gut entwickelt oder nicht.

Fonds sind übrigens stark reguliert. Das hat zur Folge, dass die Fondsmanager nicht immer so handeln können, wie sie gerne möchten. Beispielsweise darf ein Aktienfonds nicht zu viel Cash halten und muss immer in Aktien investiert sein, auch wenn der Fondsmanager eine klare Überbewertung der Aktien erkennt und gerne den Aktienbestand deutlich reduzieren würde. Die genauen Regeln eines Fonds sind im Fondsprospekt zu finden.

Überhaupt findet man zu jedem Fonds eine ganze Menge Informationen auf den Webseiten der jeweiligen Fondsgesellschaft. Die meisten Fondsgesellschaften haben mehrere Fonds, die sich in ihren Anlageschwerpunkten unterscheiden. In den Jahres- und Halbjahresberichten wird genau aufgeschlüsselt, welche und wie viele Wertpapiere ein Fonds im Bestand hatte. Wenn du also auf der Suche nach Dividendenaktien bist, lohnt sich vielleicht der Blick in den Bericht eines entsprechenden Fonds. Dann siehst du, welche Aktien dieser als Dividendenaktien ausgewählt hat. Ein tagesaktueller Fact Sheet gibt einen Überblick der wesentlichen Kennzahlen und Positionen. Auch dieses wird auf der Internetseite der Fondsgesellschaft veröffentlicht.

Immer mehr Fondsmanager tauchen auch auf YouTube in Interviews oder mit eigenen Kanälen auf. Das gefällt mir besonders gut, weil man von ihnen eine ganze Menge lernen kann. Es gefällt mir, zu verstehen, wie sie bei der Auswahl von Aktien vorgehen und welche Kriterien für sie dabei wichtig sind.

Free Cashflow

Der freie Cashflow gibt an, wie viel Geld einem Unternehmen von den Einnahmen übrigbleibt, nachdem die operativen Kosten und die Kapitalkosten (Zinszahlung) abgezogen sind. Das freie Geld kann verwendet werden, um Schulden zu reduzieren, Dividenden zu zahlen oder in Wachstum zu investieren. Ein hoher Free Cashflow ist also ein gutes Zeichen.

Freistellungsauftrag

Siehe Sparer-Pauschbetrag.

GBP

Great Britain Pound. Britisches Pfund.

Größenordnungen

In der Finanzwelt sind die Zahlen mittlerweile sehr groß geworden. Eine Million ist nicht mehr viel, die Milliarde ist fast schon die übliche Rechengröße. Daher müssen wir aufpassen, ob eine Angabe in deutscher oder englischer Bezeichnung vorliegt. Milliarde gibt es im Englischen nicht, die heißt dort Billion. Die deutsche Billion heißt im Englischen Trillion. Wenn die Einheit einer Zahl unklar ist, hilft eine Einschätzung, in welcher üblichen Größenordnung vergleichbare Zahlenangaben liegen. Die Zahlen in den Beispielen sind grobe Angaben, wie ich sie im Mai 2024 im Internet gefunden habe.

Deutsche Bezeichnung	Englische Bezeichnung	Beispiele
Million (Mio.)	Million (m/mn)	84 Mio. Einwohner in Deutschland 335 Mio. Einwohner in USA 448 Mio. Einwohner in EU
Milliarde (Mrd.)	Billion (b/bn)	40 Mrd. jährliche Zinszahlungen des Bundes 200 Mrd. Marktkapitalisierung von SAP
Billion (Bio./Bill.)	Trillion (t/tn)	1,1 Bio. jährliche Zinszahlungen US-Regierung 2,4 Bio. Staatsverschuldung Deutschland 2,8 Bio. Marktkapitalisierung Microsoft 4 Bio. BIP Deutschland 26 Bio. BIP USA 31,5 Bio. Staatsverschuldung der USA

Tabelle 24: Ausgewählte Größen; eigene Darstellung

Index / Indizes

Vom DAX, dem Deutschen Aktien-Index, hast du wahrscheinlich schon mal etwas gehört. Auch der MSCI World, der Dow Jones und der S&P 500 sind bekannte Indizes. Diese basieren auf den Kursen der Aktien, die in dem jeweiligen Index zusammengefasst sind. Im DAX sind das beispielsweise die 40 größten Unternehmen in Deutschland. Berechnet und veröffentlicht wird der DAX von der Deutschen Börse, und zwar auf die Sekunde genau. Die Details sind auf Wikipedia gut beschrieben.

Interessant zu wissen ist, dass die Aktien in einem Index mit unterschiedlichem Gewicht in die Berechnung einfließen. Unternehmen mit hoher Marktkapitalisierung haben mehr Gewicht als die kleinen. Beim DAX liegen die Gewichtungen im Mai 2024 zwischen gut 10 % (SAP und Siemens) und etwa 0,5 % (Zalando und Siemens Energy).

In weltweiten Aktienindizes wie dem MSCI World haben Aktien aus den USA ein starkes Übergewicht, weil dort die größten Unternehmen beheimatet sind. Obwohl „World" auf dem Index steht, kauft man also im Wesentlichen die USA, wenn man einen ETF auf den MSCI World kauft. Auch hier ist der Wikipedia-Beitrag eine gute Quelle, um sich über den Index zu informieren.

Das zuverlässige Berechnen und Bereitstellen von Indexständen erfordert einen nicht unerheblichen technischen Aufwand. Deshalb muss man den Firmen, die diese Indizes herausgeben, auch etwas bezahlen, wenn man mit Indexständen in Echtzeit versorgt werden will. Auf den vielen Finanzseiten im Internet finden sich daher oft Indexangaben, die 15 Minuten zurückliegen. Das trifft auch auf die Aktienkurse zu, die wir kostenlos auf den Internetseiten angezeigt bekommen.

Kapitalerhöhung

Wenn eine bestehende Aktiengesellschaft für den Ausbau ihrer Geschäftstätigkeit Geld benötigt, kann sie entweder Anleihen ausgeben, bei der Hausbank nach einem Kredit nachfragen oder weitere Aktien ausgeben. Das Geld, das durch die Ausgabe neuer Aktien in die Kasse des Unternehmens kommt, wird in der Bilanz dem Eigenkapital zugeschrieben, daher kommt die Bezeichnung „Kapitalerhöhung". Nach der Kapitalerhöhung gibt es also mehr Aktien und das Unternehmen hat frisches Geld auf dem Konto.

Für uns private Anleger spielt es eigentlich keine Rolle, wer die neuen Aktien kauft. Aber weil mit jeder Aktie ein Stimmrecht verbunden ist, kann es für Aktionäre, die einen großen Anteil am Unternehmen halten, durchaus wichtig sein, dass sich ihr Stimmenanteil durch die neuen Aktien nicht verringert. Daher erhalten Altaktionäre das Recht, einen ihrem Stimmenanteil entsprechenden Anteil der neuen Aktien zu kaufen. Dieses Recht nennt man Bezugsrecht, es taucht im Vorfeld der Kapitalerhöhung bei den Altaktionären im Depot als eigene Zeile auf. Das Bezugsrecht ist ein Wertpapier, das an der Börse verkauft werden kann, wenn man das Recht nicht selbst ausüben will.

Kapitalertragsteuer

Zinsen, Dividenden, realisierte Kursgewinne u. a. gelten als Kapitalerträge bzw. Kapitaleinkünfte und müssen versteuert werden. Auf die Kapitalerträge werden 25 % Kapitalertragsteuern fällig. Dazu kommen 5,5 % Soli und ggf. noch Kirchensteuer.[32] Allerdings gibt es auch Finanzprodukte und -geschäfte, deren Erträge steuerfrei sein können, wenn eine gewisse Zeitspanne überschritten ist. Im Bedarfsfall informierst du dich im Internet über die genauen steuerlichen Regelungen, die dann gelten.

In der Regel führt die Bank, bei der du dein Wertpapierdepot unterhältst, diese Steuer direkt an das Finanzamt ab. Damit ist die Steuerschuld abgegolten und deshalb heißt sie auch Abgeltungssteuer.

Wenn die Bank das nicht macht, musst du deine Kapitalerträge bei der Steuererklärung angeben und man nennt es Kapitalertragsteuern.

Egal unter welcher Bezeichnung das Geld seinen Weg zum Fiskus findet, die Berechnung ist in beiden Fällen gleich, somit ergibt sich bei der Höhe der abzuführenden Steuer kein Unterschied.

KBV (Kurs-Buchwert-Verhältnis)

Das KBV ist eine Kennzahl, die ermittelt wird, indem der aktuelle Kurs durch den Buchwert pro Aktie geteilt wird.

$$KBV = \frac{Kurs\ der\ Aktie}{Buchwert\ pro\ Aktie}$$

Nicht eindeutig definiert ist, was genau der Buchwert sein soll. Einige Quellen bezeichnen das Anlagevermögen aus der Bilanz als Buchwert. Andere Quellen rechnen mit dem Eigenkapital als Buchwert. Was auch immer als Buchwert herangezogen wird, ein niedriges KBV deutet auf eine preiswerte Aktie hin. Ein KBV kleiner 1 besagt, dass der Buchwert pro Aktie größer ist als der aktuelle Kurs. Das ist schon ein interessanter Wert, der aber allein für sich noch nicht ausreicht, eine Entscheidung für einen Kauf zu treffen.

KGV (Kurs-Gewinn-Verhältnis)

Eine viel beachtete Kennzahl in der Welt der Aktien ist das KGV. Im Englischen wird es als PER oder P/E (price-earnings ratio) bezeichnet. Das KGV ist nichts anderes als das Ergebnis einer einfachen Division:

$$KGV = \frac{Kurs\ der\ Aktie}{Gewinn\ pro\ Aktie}$$

Oder

$$KGV = \frac{Marktwert\ der\ Firma}{Gewinn\ der\ Firma}$$

Beide Berechnungen führen zum gleichen Ergebnis, üblich ist aber, dass man mit Kurs und Gewinn pro Aktie rechnet. Bei der Berechnung wird der Gewinn dem Kurs gegenübergestellt. Beim Gewinn handelt es sich um die Gewinnangabe aus der Bilanz (siehe auch Bilanz im Bonusmaterial). Das KGV sagt aus, dem Wievielten des Gewinns der aktuelle Kurs entspricht. Beispiel: Der aktuelle Kurs ist 21 und der aktuelle Gewinn pro Aktie ist 1,5. Dann ist das KGV:

$$KGV = \frac{21}{1,5} = 14$$

Während man für den Kurs in der Regel einen tagesaktuellen Wert findet, stellt sich die Frage, durch welchen Gewinn dieser Kurs geteilt wird, um den KGV-Wert zu ermitteln. Für die Vergangenheit ist der Gewinn pro Aktie aus den Veröffentlichungen des Unternehmens bekannt. Häufig werden auf den Seiten im Internet auch KGV-Angaben für die nächsten Jahre gemacht. Diese können naturgemäß nur auf Schätzungen des erwarteten Gewinns beruhen, daher findet man häufig auch ein kleines e als ergänzende Angabe. Das KGVe bedeutet KGV bei „erwartetem" Gewinn. Es gibt natürlich keine Garantie, dass der erwartete Gewinn tatsächlich so sein wird.

Für etablierte Unternehmen liegt das KGV im Bereich von 10 bis 15. Unternehmen mit starkem Wachstum haben häufig ein KGV von 20 oder mehr. Unternehmen, die Verluste machen, haben keinen Gewinn und damit gibt es auch keine Angaben zum KGV. Ein niedriges KGV deutet darauf hin, dass der Kurs preiswert sein könnte. Aber Vorsicht. Ein extrem niedriges KGV, also Werte unter 5, sind unbedingt zu hinterfragen und genau nachzurechnen. Niedriges KGV bedeutet, dass der Kurs niedrig ist, und das ist er vielleicht nicht ohne Grund. Die vergangenen oder erwarteten Gewinne berücksichtigen diesen Grund vielleicht noch nicht.

Noch ein kleines Gedankenexperiment: Wenn ich 1.000 Euro auf dem Sparbuch habe und 40 Euro Zinsen bekomme (4 %), dann kann ich rechnen:

$$\frac{Kurs}{Gewinn} = \frac{1.000}{40} = 25$$

Das KGV meines Sparbuchs beträgt also 25. Es liegt im Bereich des KGVs, das Wachstumsunternehmen aufweisen können. Aber beides könnte aus Sicht eines Anlegers unterschiedlicher kaum sein. Während das Sparbuch sicher, aber langweilig 4 % bietet, hofft man bei Wachstumsunternehmen, dass sie ihren Gewinn jedes Jahr um einen zweistelligen Prozentsatz steigern können und der Kurs entsprechend steigt. Ob das gelingt, ist natürlich nicht so sicher.

Kupon

Das, was bei deinem Tagesgeldkonto oder Sparbuch der Zinssatz ist, nennt man bei Anleihen Kupon. Folglich wird auch der Kupon als Prozentzahl angegeben.

KID

Key Information Document. Siehe auch Basisinformationsblatt.

Marktkapitalisierung

Von einer Aktiengesellschaft gibt es immer eine feste Anzahl von Aktien. Wenn man diese Anzahl mit dem aktuellen Kurs der Aktie multipliziert, erhält man den Gesamtwert der Firma. Dieser Gesamtwert wird auch als Marktkapitalisierung bezeichnet.

Marktkapitalisierung = Anzahl der Aktien × Aktueller Kurs

Miete / Mietzins

Wenn wir uns eine Immobilie aus der Sicht eines Kapitalanlegers bzw. Vermieters ansehen, dann entsprechen die monatlichen Mieteinnahmen dem, was wir als Zinsen beim Festgeldkonto oder Sparbuch bekommen. Deshalb nennt man die Miete manchmal auch Mietzins.

Neuemission / IPO

Jede Firma fängt klein an und wird erst mal durch Ersparnisse der Gründer, Kredite oder Ähnliches finanziert. Wenn die Geschäftsidee vielversprechend ist, erfolgt die nächste Finanzierung durch Kapitalgeber wie Banken und Fördertöpfe oder durch Wagniskapitalgeber, die Miteigentümer der Firma werden. Wenn alles top läuft und die Firma mit ihren Produkten und Dienstleistungen die ganze Welt beglücken will, braucht sie viel Geld für die Expansion. Um dieses Geld einzusammeln, kann die ganze Firma in Form von Aktien an die Börse gebracht werden.

Damit werden zwei Absichten verfolgt. Die bisherigen Eigentümer können ihren Anteil an der Firma verkaufen und erhalten dadurch ihr vormals eingezahltes Kapital mit Gewinn zurück. Aber dadurch bekommt die Firma selbst noch kein frisches Geld für die Expansion. Daher werden zusätzliche Aktien als Kapitalerhöhung verkauft, wodurch frisches Geld in die Kasse der Firma kommt.

Die Anleger, die die Aktien kaufen, werden somit zu Aktionären. Den Vorgang, eine neue Firma an die Börse zu bringen, nennt man Initial Public Offering (IPO), also erstmaliges öffentliches Angebot, oder einfach Neuemission.

Order

Wenn das Depot eröffnet und auf dem Verrechnungskonto Geld angekommen ist, kannst du deinen ersten Kaufauftrag erteilen. Kauf- und Verkaufsaufträge werden „Order" genannt. Schauen wir uns mal an, wie so ein Formular für eine Kauforder aussehen kann. In dem Beispiel habe ich zuvor die WKN eingegeben und automatisch wurde die richtige Aktie angezeigt. Als Handelsplatz habe ich Zürich ausgewählt, weil die Aktien von Santhera dort gehandelt werden. Bei Ordertyp konnte ich zwischen „Billigst" und „Limit" auswählen. Billigst, manchmal auch als „bestens" bezeichnet, bedeutet, dass deine Order zum nächstmöglichen Kurs ausgeführt wird. Hier ist bei kleinen, illiquiden Werten Vorsicht geboten. Wenn in dem Moment, in dem meine Order an der Börse in Zürich auftaucht, nur ein Verkäufer da ist, und der seine Aktien für 10,50 CHF verkaufen will, wird diese Order ausgeführt, ich zahle also 10,50 CHF pro Aktie und damit gut 10 % mehr als der angezeigte letzte Kurs von 9,40 CHF. Ich wähle daher immer den Ordertyp „Limit" aus und gebe darunter meinen maximalen Kaufpreis ein.

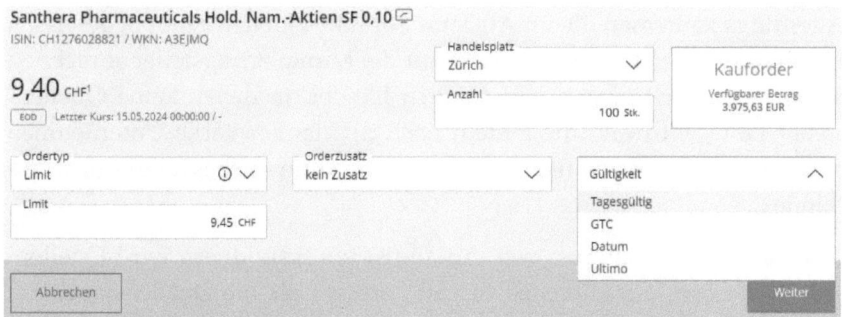

Abb. 49: Beispiel einer Kauforder

Auch die Gültigkeit meiner Order muss ich festlegen. Tagesgültige Orders werden automatisch gelöscht, wenn sie bis Handelsschluss nicht ausgeführt werden konnten. GTC (good till cancelled) bedeutet das Gegenteil, diese Order bleibt gültig, bis sie von mir gelöscht wird oder ausgeführt wurde. Als weitere Möglichkeit wird mir angeboten, ein konkretes Datum für die Gültigkeit der Order anzugeben, oder ich wähle „Ultimo", was so viel bedeutet, dass die Order bis zum letzten Tag des aktuellen Monats gültig bleibt.

Wichtig zu wissen ist, dass offene Orders nicht nur nach Ablauf der Zeit, sondern auch bei Kapitalmaßnahmen automatisch gelöscht werden. Beispielsweise ist die Dividendenzahlung eine solche Kapitalmaßnahme. Am Tag, nach dem die Dividendenberechtigten festgestellt wurden, wird die Aktie mit Dividendenabschlag gehandelt. Am Abend zuvor werden alle offenen Orders für diese Aktie vom Broker gelöscht, zumindest ist das bei den Brokern so, bei denen ich Depots habe.

Quellensteuer

Ein weiterer steuerlicher Aspekt neben der Kapital- bzw. Abgeltungssteuer ist die Quellensteuer. Diese kommt auf uns zu, wenn wir beispielsweise von Unternehmen aus dem Ausland Dividendenzahlungen bekommen. Auch hier wird mitunter kräftig zugelangt und wir müssen zwei Mal Steuern zahlen, im Ausland und hier in Deutschland.

Allerdings kann man die im Ausland gezahlte Quellensteuer in gewissen Fällen und in bestimmten Umfang auf die Kapitalertragsteuer anrechnen lassen. Erfreulicherweise gibt es auch Länder, in denen keine Quellensteuer fällig wird und die zudem noch dividendenstarke Unternehmen beheimaten. Großbritannien ist beispielsweise ein solches Land – noch zumindest.

Auch auf Zinseinnahmen von ausländischen Schuldnern wird Quellensteuer erhoben, allerdings ist die oft geringer als die Quellensteuer auf Dividendenerträge. Eine genaue Übersicht veröffentlicht das Bundeszentralamt für Steuern auf seiner Webseite.[33]

Einziger Trost ist: Wir brauchen uns um die Abzüge im Ausland nicht zu kümmern, das passiert ganz automatisch.

Rating

Als Käufer einer Anleihe möchte man natürlich gerne wissen, wie wahrscheinlich es ist, dass der Schuldner die Zinsen zahlen kann und das geliehene Geld am Ende der Laufzeit zurückzahlt. Das kann man als Privatperson kaum bewerten. Dafür gibt es Ratingagenturen, die alles Mögliche, unter anderem auch Anleihen, bewerten (engl.: to rate). Die drei größten Ratingagenturen sind Moody's, Standard & Poor's (S&P) und Fitch.

Das Ergebnis der Bewertung wird in einer Art Benotungssystem angegeben, ähnlich wie bei Schulnoten, nur sehr viel differenzierter. Die Benotungssysteme der Ratingagenturen unterscheiden sich leicht, sind aber vergleichbar. Die Bundesrepublik Deutschland hat bei allen drei Agenturen die Bestnote, ein AAA. Für uns interessant ist auch die grobe Einteilung in die Gruppen „Investment" und „Non-Investment". Es ist wenig überraschend, dass die Renditen im Investment Bereich deutlich geringer sind als die Renditen, die man im Non-Investment-Bereich erzielen kann.

	Moody's	S&P	Fitch
	Aaa	AAA	AAA
	Aa1	AA+	AA+
	Aa2	AA	AA
	Aa3	AA-	AA-
Investment	A1	A+	A+
Grade	A2	A	A
	A3	A-	A-
	Baa1	BBB+	BBB+
	Baa2	BBB	BBB
	Baa3	BBB-	BBB-
	Ba1	BB+	BB+
	Ba2	BB	BB
	Ba3	BB-	BB-
	B1	B+	B+
Non	B2	B	B
Investment	B3	B-	B-
Grade	Caa1	CCC+	CCC
	Caa2	CCC	CC
	Caa3	CCC-	CC
	Ca	CC	C
	Ca	C	C

Tabelle 25: Ratings; Quelle: Wikipedia

Übrigens, die Ratingagenturen machen ihre Ratings nicht aus eigenem Antrieb, sondern werden in der Regel von einem Staat oder Unternehmen beauftragt, eine ihrer Anleihen zu bewerten. Und natürlich müssen die Auftraggeber diese Dienstleistung der Ratingagentur auch bezahlen. Daher gibt es auch Anleihen, die gar kein Rating haben. Das sagt aber nur aus, dass kein Rating beauftragt bzw. durchgeführt wurde. In diesem Fall gibt es einfach keine Einschätzung.

Rendite

Die Rendite wird in Prozent angegeben und stellt den innerhalb eines Jahres erwirtschafteten Ertrag ins Verhältnis zu dem eingesetzten Kapital.

Der Ertrag ist das, was im Laufe des Jahres tatsächlich erwirtschaftet wird. Bei Anleihen sind das die Zahlung der Zinsen, bei Aktien die Dividenden und bei Immobilien sind es die Mieteinnahmen. Bei den Mieteinnahmen muss man noch diverse Abzüge machen, bis man die Netto-Mieteinnahmen erhält, die mit den Zinsen und Dividenden vergleichbar sind.

Beim eingesetzten Kapital berücksichtigt man nicht nur den Netto-Kapitaleinsatz, sondern zählt auch die Gebühren und Auslagen dazu. Bei Anleihen und Aktien sind das die Transaktionsgebühren, die beim Kauf anfallen, bei Immobilien sind das Notarkosten, Maklerkosten und was sonst noch so anfällt.

Die Rendite errechnet sich wie folgt:

$$Rendite = \frac{Jahresertrag}{eingesetztes\ Kapital}$$

Man errechnet die Rendite, um die Ertragskraft unterschiedlicher Anlageformen abschätzen und vergleichen zu können. Das sollte man natürlich machen, bevor man sein Kapital einsetzt. Zumindest eine grobe Kalkulation sollte man machen und beispielsweise die Quellensteuer berücksichtigen, wenn man die Dividendenzahlungen von Unternehmen aus Deutschland mit denen aus anderen Ländern vergleicht.

Ich gehe bei meinen Kalkulationen immer vom ungünstigsten Fall aus. Das heißt, ich ignoriere, dass möglicherweise Teile der Quellensteuer angerechnet werden, und ich lasse auch den Freistellungsauftrag außen vor. Das vereinfacht die Berechnung enorm.

Auf den einschlägigen Internetseiten wird häufig bei Anleihen die Anleihenrendite und bei Aktien die Dividendenrendite angegeben. Diese Angaben beziehen sich (wahrscheinlich) auf den aktuellen Kurs der Anleihe bzw. Aktie und berücksichtigen die letzte Zins- bzw. die letzte Dividendenzahlung. Es kann aber auch sein, dass die Dividendenrendite für die erwartete nächste Dividendenzahlung angegeben wird, dann steht ein kleines e in der Überschrift oder neben der Prozentzahl.

Schiller-KGV

Für die Einschätzung, ob ein Unternehmen bzw. dessen Aktienkurs teuer oder billig ist, wird oft das Schiller-KGV verwendet. Es folgt in der Berechnung dem oben genannten KGV, allerdings wird als Gewinn keine Einzelangabe aus einem Jahr verwendet. Vielmehr wird der durchschnittliche Gewinn der letzten zehn Jahre in die Formel eingesetzt. In der Regel wird dieser Durchschnittsgewinn noch um die Inflation bereinigt. Mit dieser Durchschnittsbetrachtung lassen sich Gewinnschwankungen ausgleichen. Im Internet findet man das Schiller-KGV auch unter der Bezeichnung CAPE Ratio. Das ist das Akronym für „Cyclically adjusted price-to-earnings Ratio".

Sparer-Pauschbetrag / Sparerfreibetrag

Bis zu 1.000 Euro Kapitalerträge darf seit 2023 jeder pro Jahr erwirtschaften, ohne dass darauf Kapitalertragssteuern erhoben werden.[34] Das ist der Sparer-Pauschbetrag, der auch Sparerfreibetrag genannt wird. Damit deine Bank nicht schon von der ersten Dividendenzahlung oder dem ersten realisierten Gewinn im Jahr automatisch die Abgeltungssteuer abzieht, kannst du bei deiner Bank einen Freistellungsauftrag einrichten. Die Bank führt dann nur Steuern auf die Kapitalerträge ab, die höher sind als dein Freistellungsauftrag. Man kann die 1.000 Euro auch auf Freistellungsaufträge bei mehreren Banken verteilen, nur in Summe dürfen es natürlich nicht mehr als 1.000 Euro sein.

Der Sparerfreibetrag müsste eigentlich dringend auf 5.000 oder 10.000 Euro angehoben werden. Seit Jahrzehnten fordert uns jede Regierung auf, eine private kapitalgedeckte Altersversorgung aufzubauen. Nur zu viel Kapital soll es dann offensichtlich doch nicht werden. Wenn du auf 25.000 Euro 4 % Zinsen bekommst, dann bist du schon bei 1.000 Euro. Bei allem darüber hinaus wird die Sense angesetzt. Aber 25.000 Euro reichen für die Altersvorsorge bei weitem nicht aus.

Sparplan

Ein Sparplan erleichtert die regelmäßige Anlage von Geld. Man muss dabei nur sicherstellen, dass am Tag der Ausführung des Sparplans genug Geld auf dem Konto ist. Beispielsweise kann man einen Sparplan für einen ETF einrichten, der monatlich am 15. ausgeführt wird und mit dem immer für genau 80 Euro Anteile des zuvor festgelegten ETFs gekauft werden. In aller Regel kann man für die 80 Euro keine glatte Anzahl von Anteilen kaufen, weshalb es bei dieser Art des Kaufs auch Bruchstücke gibt. Wenn also der Kurs des ETFs am Ausführungstag bei 68,50 Euro liegt, dann bekommst du für deine 80 Euro 1,168 Anteile in dein Depot gebucht.

$$Anteile = \frac{Anlagebetrag}{Kurs} = \frac{80\ Euro}{68,50\ Euro} = 1,168$$

Viele Broker bieten die kostenlose Ausführung von (ausgesuchten) ETFs an, weshalb tatsächlich die ganzen 80 Euro angelegt werden und keine Gebühren anfallen.

Wenn du nicht alles Geld in einen einzigen ETF stecken willst, kannst du auch mehrere Sparpläne einrichten. Vielleicht möchtest du jeden Monat 40 Euro in einen weltweiten Aktienfonds sparen und zusätzlich jeden ungeraden Monat noch in einen speziellen asiatischen Aktien-ETF 40 Euro. In den geraden Monaten könntest du vielleicht noch für 40 Euro einen Rentenfonds kaufen. Unterm Strich legst du so 80 Euro pro Monat in drei unterschiedlichen ETFs an.

Thesaurierend

Siehe Ausschüttend.

Volatilität

Als Volatilität wird die Schwankungsbreite eines Wertpapiers innerhalb eines Zeitraums bezeichnet. Wenn der Kurs einer Aktie im Verlauf eines Jahres gemütlich ansteigt und dabei vielleicht nur um 5 % schwankt, ist das ein sehr niedriger Wert für die Volatilität. Wenn die gleiche Aktie aber in wildem Auf und Ab um 20 % oder mehr im Laufe des Jahres schwankt, ist die Volatilität hoch. Die Volatilität gibt also an, wie stark unsere Nerven strapaziert werden, während wir etwa einen ETF oder Aktien halten.

Wertpapier

Aktien und Anleihen, aber auch Fonds und ETFs werden allgemein als Wertpapiere bezeichnet. Jedes Wertpapier verbrieft einen Anspruch für den, der das Wertpapier besitzt. Eine Anleihe verbrieft beispielsweise die Rückzahlung des Anleihebetrages und die Zahlung von Zinsen. Eine Aktie verbrieft den Besitz eines kleinen Anteils an einer Firma. Fonds- und ETF-Anteile verbriefen den Anspruch auf einen Teil des Fondsvermögens.

Wertpapiere können ver- und gekauft werden, also den Besitzer wechseln. Damit klar ist, wer was verkauft bzw. kauft, hat jedes Wertpapier eine bzw. mehrere eindeutige Nummern:

Wenn du also eine Aktie, einen Fonds oder sonst ein Wertpapier kaufen willst, musst du die passende WKN/Valor oder ISIN kennen. Diese Nummern werden auf den Finanzseiten im Internet meist mit angezeigt und können einfach von dort kopiert werden. Wenn du auf Nummer sicher gehen willst, gehst du auf die Seite von dem Unternehmen, dort findest du unter „Investor Relations" die exakten Angaben zu den Nummern.

Nachfolgend ein Beispiel für die unterschiedlichen Nummern einer Aktie.

Nummer	Bedeutung	Beispiel Volkswagen Vorzugsaktien
WKN	Wertpapierkennnummer (Deutschland)	766403
Valor	Valorennummer (so heißt die WKN in der Schweiz)	352781
ISIN	International Securities Identification Number (quasi eine internationale WKN)	DE0007664039
Tickersymbol	Kürzel für das Unternehmen, das in Nachrichtenmeldungen verwendet wird.	VOW3

Tabelle 26: Nummern und Bezeichnungen für Wertpapiere; eigene Darstellung

Zinsen

Dass du Zinsen auf das Guthaben deines Sparbuchs oder deines Festgeld-kontos bekommst, dürfte keine überraschende Neuigkeit für dich sein. Umgekehrt musst du Zinsen bezahlen, wenn du einen Kredit aufnimmst oder dein Girokonto überziehst. Hier geht es also um das Geldleihen und -verleihen, Basis ist immer ein Kredit und die Zinsen sind das, was man bekommt oder geben muss, weil man einen Kredit gewährt oder in Anspruch genommen hat.

Im Bonusmaterial gibt es eine Wiederholung zur Zinsrechnung mit einfachen Beispielen.

Zinseszins

Wenn ich 2.000 Euro auf dem Tagesgeldkonto bei 4,25 % Verzinsung liegen habe, erhalte ich 85 Euro Zinsen im ersten Jahr. Jetzt habe ich zwei Möglichkeiten. Ich kann mir die 85 Euro schnappen und irgendetwas

Schönes damit machen, oder ich lasse die 85 Euro auf dem Tagesgeld-konto liegen. Dann beträgt der Kontostand jetzt 2.085 Euro, auf die es im nächsten Jahr wieder (angenommene) 4,25 % Zinsen gibt. Mit anderen Worten wird jetzt im zweiten Jahr nicht nur mein Anfangskapital ver-zinst, sondern auch die Zinsen vom Vorjahr. Es gibt also Zinsen auf die Zinsen, sprich 4,25 % auf die 85 Euro.

Das mit den Zinsen auf die Zinsen nennt man den Zinseszinseffekt und was hier vielleicht wie ein überflüssiges, gerade noch lustiges Wortspiel anmutet, ist in Wahrheit der gewaltigste Hebel, den du beim Anlegen dei-nes Kapitals zur Anwendung bringen kannst. Weil dieser Hebel so wich-tig und mächtig ist, schauen wir uns die Formel an:

$$Kapital\ nach\ n\ Jahren = Anfangskapital \times (1 + Zinssatz)^n$$

Die Macht des Zinseszinseffekts steckt in dem kleinen n, das ist die An-zahl der Jahre, in denen du Zinsen auf dein Kapital bekommst und dabei die Zinsen nicht abziehst, sondern im nächsten Jahr mitverzinsen lässt. Der Zinssatz muss nicht über alle Jahre konstant sein. Nur das Rechnen ist natürlich einfacher, wenn man einen konstanten Zinssatz annimmt. Beispiel gefällig?

Anlagedauer	$(1 + \text{Zinssatz})^n$		aus 2.000 Euro werden
1 Jahr	$1{,}0425^1$	1,0425	2.085
3 Jahre	$1{,}0425^3$	1,13	2.260
6 Jahre	$1{,}0425^6$	1,28	2.560
10 Jahre	$1{,}0425^{10}$	1,52	3.040
20 Jahre	$1{,}0425^{20}$	2,30	4.600
30 Jahre	$1{,}0425^{30}$	3,49	6.980
40 Jahre	$1{,}0425^{40}$	5,28	10.560

Tabelle 27: Zinseszinseffekt; eigene Berechnung

Wenn du jung bist, ist das kleine unscheinbare n dort oben in der Formel der mächtigste Helfer, den du für den Aufbau deines Kapitals finden kannst. Daher heißt es: So früh wie möglich anfangen!

Nachwort

Fertig!

Danke, dass du mir bis hierhin zugehört hast. Ich bin selbst überrascht. Wir haben Anfang Juli, es sind also gerade mal fünf Monate vergangen, seit ich die verrückte Idee hatte, dieses Buch zu schreiben. Aber offensichtlich habe ich das tatsächlich getan. Mir war nicht klar, wie viel Arbeit damit verbunden ist. Und anfangs war ich auch im Zweifel, ob ich überhaupt so viele Seiten schreiben würde, dass man sie ein Buch nennen darf. Ein Heftchen wird es, so war meine anfängliche Annahme.

Ein großes Dankeschön geht an Heike, Gabi und Thomas, die sich die Zeit genommen und das Manuskript in der ersten Fassung probegelesen haben. Ihre Hinweise haben entscheidend dazu beigetragen, das Buch besser lesbar zu machen und inhaltlich anzureichern. Großer Dank geht auch an Tobias, der meine Gedanken in sehr gelungene Zeichnungen umgesetzt hat. Und natürlich darf ich Vivien nicht vergessen, die unbewusst und ungewollt durch ihre Frage im Februar den Anstoß zu diesem Buch gegeben hat.

Der größte Dank geht aber an meine Eltern. Meiner Mutter dafür, dass sie mir mit unendlich viel Geduld beigebracht hat, Bücher zu lesen. Ohne diese Basis wäre mein Leben anders verlaufen. Meinem Vater gilt besonderer Dank dafür, dass er nie müde geworden ist, deutlich zu machen, dass sich Leistung lohnt und langfristig auszahlt. Und wenn eine Sache große Bedeutung hatte oder besonders wichtig war, pflegte er zu sagen: „Kümmer dich drum!" Ich möchte dem noch den Aspekt der Dringlichkeit hinzufügen und sagen: Leg das Buch zur Seite und

fang an, JETZT!

Alles Gute, Rolf

Empfehlungen

Bücher

Dr. Markus Elsässer, Des klugen Investors Handbuch, FBV 2020

Max Otte, Endlich mit Aktien Geld verdienen, FBV 2023

Anton Gneupel | Luis Pazos, Closed-End Funds verstehen und bewerten FBV 2022

Hans A. Bernecker, 60 Jahre Börse, Hans A. Bernecker Börsenbriefe 2018

Robert G. Hagstrom, Junior, Warren Buffett, Börsenbuch-Verlag 1994

Benjamin Graham, Intelligent Investieren, FBV 2001

Peter Lynch, Der Börse einen Schritt voraus, Börsenbuch-Verlag 2023

André Kostolany, Die Kunst über Geld nachzudenken, Econ 2000

André Kostolany, Kostolanys Börsenpsychologie, Econ 1998

YouTube

Markus Elsaesser

Hat ab 2020 ca. 2 Jahre lang jeden Freitag ein Video veröffentlicht. Diese Videos sind zeitlos und unbedingt sehenswert. Einen besseren Mentor in Sachen Investieren und Vermögen wird man kaum finden.

InvestmentFellows

Bespricht regelmäßig und ausführlich Dividenden-Aktien, REITs usw.

Dividenden TV

Regelmäßige Videos zu Dividenden und Investieren.

Moritz Hessel | Total Return Finanzen

Stellt häufig seine Analysen zu einzelnen Unternehmen vor.

Bonusmaterial

Anleihe Details

Einige Begriffe kennen wir schon, die im Zusammenhang mit Anleihen stehen. Schauen wir uns jetzt ein konkretes Beispiel aus einem Depot an:

Anleihe	—
Kurserfolg:	+115,65 EUR
Währungserfolg:	+0,00 EUR
Kapitalerträge:	+310,00 EUR
Zinsen / Stückzinsen: 5	+68,61 EUR
Gesamterfolg:	+494,26 EUR / +13,13 %

Stk./Nom. 1	4.000 EUR
handelbar	4.000 EUR
(gesperrt)	
Name ▲ 2	Neue ZWL Zahnradw.Leipzig GmbH Anleihe v.2022(2025/2027)
ISIN / WKi˅ / Lagerstelle	DE000A30VUP4 / A30VUP / DE
Gattung / Währung	Anleihe / EUR
Gesamterfolg (abs. / rel.)	+494,26 EUR / +13,13 %
Kurserfolg (abs. / rel.)	+115,65 EUR / +3,07 %
Währungserfolg (abs. / rel.)	+0,00 EUR / +0,00 %
Dividenden / Erträge 6	310,00 EUR
Aktuelle Summe	3.949,41 EUR
Kaufwert	3.765,15 EUR
Aktueller Kurs 4	97,02 %
Kaufkurs 3	94,129 %

Abb. 50: Beispiel einer Anleihe im Depotbestand

(1) Stk./Nom.

Das ist der Betrag, den der Schuldner zum Ende der Laufzeit zurückzahlen muss. In unserem Beispiel geht es offensichtlich um vier Anleihen mit einem Nennwert von jeweils 1.000 Euro.

189

(2) Emittent / Laufzeit

Ausgegeben hat die Anleihe die Neue Zahnradwerke Leipzig GmbH, und zwar im Jahr 2022. Die Laufzeit beträgt fünf Jahre, also wird die Anleihe 2027 zurückgezahlt. In der Klammer steht aber auch noch 2025. Das bedeutet, dass der Emittent die Option hat, die Anleihe schon 2025 zu kündigen, sprich, sie früher zurückzuzahlen.

Rückzahlung / Verlängerung

Wenn der Tag der Rückzahlung erreicht ist, bekommst du den geliehenen Betrag zusammen mit der letzten Zinszahlung auf dein Konto gutgeschrieben. Es kann aber auch sein, dass der Emittent noch nicht den gesamten Betrag der Emission zurückzahlen will und daher den Besitzern der bald auslaufenden Anleihe das Angebot macht, statt einer Rückzahlung der alten Anleihe diese in eine neue Anleihe umzutauschen. Kupon und Laufzeit der neuen Anleihe bekommst du mit dem Umtauschangebot mitgeteilt. Häufig wird noch ein Bonus in Form einer Sonderzinszahlung in Höhe von etwa 1,5 % gezahlt, wenn du die neue Anleihe annimmst. Im Grunde ist der Umtausch in die nächste Anleihe für uns Kleinkapitalisten eine feine Sache, weil keinerlei Transaktionskosten anfallen und zusätzlich ein kleiner Bonus gezahlt wird.

(3)(4) Kurs

Der Kurs von Anleihen wird nicht in Euro oder einer anderen Währung angegeben, sondern in Prozent. Wenn du eine Anleihe mit Nennwert 1.000 Euro zum Kurs von 100 % erwirbst, dann musst du 1.000 Euro bezahlen. Wenn der Kurs aber bei 105 % liegt, musst du dem Verkäufer 1.050 Euro bezahlen, bekommst aber vom Schuldner am Ende der Laufzeit trotzdem nur 1.000 Euro zurück. Mehr zur Kursentwicklung von Anleihen kannst du im nachfolgenden Exkurs lesen.

Im Beispiel oben lag der durchschnittliche Kaufkurs der vier Anleihen bei 94,129 % (3). Die Anleihen im Nennwert von 4.000 Euro haben also nur 3.765,16 Euro gekostet.

Der aktuelle Kurs (4) liegt bei 97,02 %. Es hat sich also schon eine Wertsteigerung im Kurs ergeben.

Exkurs: Was bestimmt den Anleihekurs?

Es gibt zwei wesentliche Aspekte, die Einfluss auf den Kurs einer Anleihe haben. Zum einen ist wichtig, ob der Schuldner Zinsen und Rückzahlung der Anleihe leisten kann. Wenn das fraglich wird, geht der Kurs der Anleihe mitunter stark zurück. Du erinnerst dich vielleicht, dass Griechenland um 2012 in einer Finanzkrise steckte, und damals sind die Kurse der griechischen Staatsanleihen stark gefallen.

Der zweite Einflussfaktor ist das allgemeine Zinsniveau. Wenn die Zinsen allgemein steigen, fallen die Kurse der vorhandenen Anleihen. Umgekehrt steigen die Kurse der Anleihen, wenn das Zinsniveau fällt.

Ich will das an einem Beispiel verdeutlichen. Nehmen wir an, ich hätte im Jahr 2021 eine Staatsanleihe zu einem Kurs von 100 % gekauft, die einen Kupon von 0 % und damals eine Restlaufzeit von 12 Jahren hatte. Im Jahr 2021 wäre das eine gute Anlage gewesen, weil wir mit Staatsanleihen in dieser Zeit häufig nur negative Renditen erzielen konnten. Für mich bedeutete das, dass ich 12 Jahre keine Zinsen bekomme und am Ende der Laufzeit exakt den Betrag zurückerhalte, den ich investiert hatte.

Jetzt sind wir zwei Jahre weiter. Meine Anleihe hat nun eine Restlaufzeit von zehn Jahren. Nehmen wir an, du willst jetzt auch eine Staatsanleihe kaufen, die eine Laufzeit von zehn Jahren hat. Und wie es der Zufall so will, ist gerade eine neue 10-jährige Staatsanleihe emittiert worden, die zum Kurs von 100 % ausgegeben wurde und die einen Kupon von 2,5 % hat. Wenn du diese Staatsanleihe kaufst und bis zur Fälligkeit hältst, bekommst zu 10 x 2,5 % Zinsen ausgezahlt und am Ende den Kaufpreis zu 100 % zurück. In Summe bekommst du also 125 % des eingesetzten Kapitals zurück, vereinfacht ausgedrückt beträgt deine Rendite also 25 % in zehn Jahren.

Ein weiterer Zufall ist, dass ich meine Staatsanleihe gerade jetzt verkaufen möchte. Diese hat auch noch eine Restlaufzeit von zehn Jahren und ist vom gleichen Staat emittiert worden, wie die frische Anleihe. Es besteht zwischen beiden Anleihen also kein Unterschied bezüglich Schuldner und Laufzeit. Also sollte doch auch die erzielbare Rendite bei beiden Anleihen gleich sein. Und das ist sie auch. Wir schauen im Internet den aktuellen Kurs meiner Anleihe nach und sehen, dass diese zu einem Kurs von 80 % gehandelt wird. Wenn du also meine Anleihe kaufst, dann gibst du mir 80 % des Nennwertes und erhältst nach zehn Jahren 100 % zurück. Von 80 auf 100 ist eine Steigerung von 25 % und das entspricht exakt der Rendite, die du auch mit der frischen Anleihe erzielen kannst.

Für mich sieht die Sache natürlich nicht so erfreulich aus. Ich habe die Anleihe vor zwei Jahren gekauft und heute einen Kursverlust von 20 %. Ich bin da übrigens nicht alleine. Global ist das Zinsniveau 2022 sehr schnell angestiegen, was nichts anderes bedeutet, dass die Kurse sämtlicher Anleihen deutlich an Wert verloren haben.

Wir halten also fest, der Kurs von Anleihen richtet sich neben der individuellen Betrachtung des Schuldners vor allem auch nach dem allgemeinen Zinsniveau. Letzteres kann dazu führen, dass die Kurse der Anleihen während der Laufzeit steigen oder fallen. Letztlich liegen die Kurse so, dass Anleihen von einem Emittenten, die die gleiche Restlaufzeit haben, immer die gleiche Rendite bringen.

Kupon / Zinssatz

Den Zinssatz, mit dem der Nennwert verzinst wird, nennt man bei Anleihen Kupon. Im Bild oben wird der Kupon nicht angezeigt, aber wenn man die 310 Euro (6), die unter der Überschrift Dividende/Erträge stehen, durch vier teilt, kommen 77,50 Euro raus. Das bedeutet nichts anderes, als dass der Kupon 7,75 % beträgt.

$$Zinsen\ pro\ Anleihe = \frac{310\ Euro}{4\ Anleihen} = 77,50\ Euro$$

$$Kupon = \frac{Zinsen\ pro\ Anleihe}{Nennwert\ der\ Anleihe} = \frac{77,50\ Euro}{1.000\ Euro} = 0,0775 = 7,75\ \%$$

Es gibt auch Anleihen, bei denen der Kupon null ist (Nullkuponanleihen). Bei diesen Anleihen ergibt sich die Rendite allein aus der Kurssteigerung. Der Kurs liegt bei der Emission der Anleihe deutlich unter 100 % und klettert dann langsam im Laufe der Zeit auf 100 %.

Rendite

Die Rendite ist eine rechnerische Größe, die auf den Internetseiten immer mit angegeben wird. In die Berechnung fließen ein: der Kupon, die Restlaufzeit und der Kurs der Anleihe. Die Angabe der Rendite bezieht sich immer umgerechnet auf ein Jahr (annualisiert) und unter der Annahme, dass du die Anleihe zum aktuellen Kurs kaufst und bis zur Fälligkeit hältst. Das ist das Schöne an Anleihen, zum Zeitpunkt des Kaufes ist klar, wie hoch die jährliche Rendite ist. Man braucht bis zur Rückzahlung nichts mehr zu machen.

Zinstermin

Das ist der Tag, an dem der Schuldner das nächste Mal Zinsen bezahlt. Dieser Tag ist irgendein Datum im Laufe des Jahres und nicht wie beim Sparbuch der 31. Dezember. Bei den meisten Anleihen wird einmal pro Jahr ausgeschüttet, es gibt aber auch Anleihen, die halbjährlich oder quartalsweise Zinsen zahlen.

(5) Stückzinsen

Gibt an, wie viel Euro Zinsen seit der letzten Zinszahlung bis heute angelaufen sind. Im Beispiel oben sind seit der letzten Zinszahlung schon 67,76 Euro an Zinsen aufgelaufen.

Exkurs: Was sind Stückzinsen?

Was ist eigentlich, wenn eine Anleihe zwischen zwei Zinsterminen den Besitzer wechselt? Nehmen wir an, wir hätten eine Anleihe, die 1 x pro Jahr Zinsen ausschüttet, und genau sechs Monate nach der letzten Ausschüttung wechselt die Anleihe den Besitzer. Wir haben also drei Beteiligte: den Schuldner, den Altbesitzer und den Neubesitzer. Für den Schuldner ändert sich nichts, er bekommt den Wechsel von einem zum anderen Besitzer gar nicht mit. Für ihn gilt: In sechs Monaten werden wieder die jährlichen Zinsen gezahlt. Diese Zinszahlung geht auf dem Konto des Neubesitzers ein. Er bekommt Zinsen für ein ganzes Jahr, obwohl er die Anleihe ja nur die letzten sechs Monate besessen hat und vorher

noch nicht als Geldgeber fungierte. Die Hälfte der Zinszahlung müsste er eigent-
lich an den Altbesitzer abtreten, weil dieser in den ersten sechs Monaten sein
Geld verliehen hat. Der Altbesitzer bekommt auch seinen Anteil an der Zinszah-
lung, allerdings schon zum Zeitpunkt, an dem er die Anleihe an den Neubesitzer
verkauft. Der Neubesitzer muss dem Altbesitzer die Zinszahlung vorstrecken, die
der Schuldner erst später auszahlt. Diese vorgezogenen Zinsen werden Stückzin-
sen genannt. Nehmen wir ein Beispiel: Nennwert 1.000, Kupon 6 %, dann betra-
gen die Stückzinsen nach sechs Monaten 30 Euro (60 Euro Zinsen gibt es für 12
Monate). Bei einem Kurs 100 % müsste der Neubesitzer also 1.000 Euro + 30
Euro an den Altbesitzer zahlen.

Fälligkeit

Das ist der Tag, an dem der Schuldner den Nennwert an dich zurückzahlt.

Emissionsvolumen

Das ist der Gesamtbetrag, den der Schuldner mit der Ausgabe neuer Anleihen am Kapitalmarkt einsammelt. Das Volumen solcher Emissionen ist
beachtlich. Dreistellige Millionen-Beträge bis hin zu Milliarden sind
durchaus üblich. Der Kreditaufnahmebericht des Bundes für 2021 weist
eine Kreditaufnahme von rund 470 Mrd. Euro aus, das sind fast 10 Mrd.
Euro pro Woche.

Mindestanlage / Stückelung

Das gesamte Emissionsvolumen wird in Anleihen mit kleinerem Betrag
aufgeteilt. Oft beträgt die Stückelung 100.000 Euro, von kleinerem Betrag
kann man da nicht sprechen. Für uns private Anleger kommen Anleihen
mit Stückelung von 2.000 oder 1.000 Euro infrage. Wenn du in einer An-
leihesuchmaschine nach einer lohnenden Anleihe suchst, stell unbedingt
den Filter mit der Stückelung auf einen kleinen Wert ein. Das Angebot an
Anleihen mit kleiner Stückelung ist leider nicht sehr groß. Erschwert wird

die Auswahl geeigneter Anlagen häufig durch eine hohe Mindestanlagesumme. Wenn diese bei 50.000 Euro liegt, sind mit einer Stückelung von 1.000 Euro nur Käufe von 50.000, 51.000, 52.000 usw. möglich.

Bilanz beispielhaft erklärt

Auf den nächsten Seiten zeige ich dir anhand eines Beispiels, wie einfach eine Bilanz zu verstehen ist, denn ich halte es für enorm hilfreich, wenn man die Mechanik der Bilanz versteht und die Begriffe, die darin auftauchen, richtig zuordnen kann. Viele Begriffe aus der Bilanz hören wir in den Nachrichten und sie werden besser verständlich, wenn man selbst die Grundlagen beherrscht. Aber ich warne dich, wenn du die Bilanz und die Begriffe verstanden hast, kann es vorkommen, dass sich der eine oder andere Gast einer Talkshow vor dir als absolut ahnungslos entblößt.

Ich habe das Beispiel bewusst einfach gehalten, damit ich die einzelnen Vorgänge isoliert verdeutlichen kann. Trotzdem gelingt es mir, eine Kette mit insgesamt 16 Imbissbuden aufzubauen.

Eine Bilanz wird zu einem Stichtag aufgestellt. Sie zeigt also immer die finanzielle Lage zu einem Stichtag. Unternehmen erstellen quartalsweise, mindestens aber ein Mal pro Jahr eine Bilanz. Die Tabelle einer Bilanz hat zwei Seiten. Links ist die Aktiv-Seite, rechts ist die Passiv-Seite. Auf der Aktiv-Seite werden alle Vermögensgegenstände mit ihrem Wert zum Stichtag aufgeführt. Auf der rechten Seite, also der Passiv-Seite, steht, wo das Geld herkam, um diese Vermögensgegenstände zu kaufen bzw. zu schaffen. Links steht also das, was da ist, rechts steht, wo das Geld herkam.

Auf beiden Seiten der Tabelle wird unten die Summe der jeweiligen Spalte angegeben. Und diese Summe, Bilanzsumme genannt, muss auf beiden Seiten immer exakt gleich sein. Jetzt wissen wir schon alles, was wir brauchen, um mit der ersten Imbissbude zu starten.

Tag 1:

Ich habe 25.000 Euro gespart und will damit eine Frittenbude aufmachen, wie sie häufig auf dem Parkplatz vor dem Supermarkt steht. Mein Produktangebot soll sich auf Currywurst und Fritten beschränken. Am ersten Tag gehe ich zu einer Bank, eröffne ein Konto und zahle die 25.000 Euro ein. Danach gehe ich nach Hause, erkläre meinem Laptop, der mal 1.000 Euro gekostet hat, dass er ab sofort zur Firma gehört, und erstelle die erste Bilanz, die Eröffnungsbilanz.

Tag 1

Aktiva (T€)		Passiva (T€)	
Anlagevermögen		**Eigenkapital**	
EDV-Ausstattung	1	Bareinlage	25
		Sacheinlage (Laptop)	1
Umlaufvermögen		**Fremdkapital**	
Girokonto	25		
Bilanzsumme	26	Bilanzsumme	26

Die Begriffe Aktiv- und Passiv-Seite und Bilanzsumme kennen wir schon. Jetzt tauchen auf der linken Seite weitere Begriffe auf, das Anlagevermögen und das Umlaufvermögen. Das sind meine Vermögensgegenstände und sie werden aus zeitlichen und Nutzungs-Gesichtspunkten in Anlage- und Umlaufvermögen unterteilt. Üblicherweise finden sich unter dem Anlagemögen Maschinen, Gebäude und ähnliche Dinge, die langfristig genutzt werden. Aber auch immaterielle Werte, wie beispielsweise Nutzungsrechte, gehören dazu. Das Anlagevermögen bleibt lange in meiner Firma, daher zähle ich den Laptop dazu, den will ich ja mehrere Jahre nutzen.

Das Umlaufvermögen hat eher kurzfristigen Charakter. Dazu zählen Vorräte, die ja verarbeitet werden, oder auch das Girokonto.

Auf der Passiv-Seite finden wir die Begriffe Eigenkapital und Fremdkapital. Die rechte Seite zeigt, aus welcher Quelle die Aktiv-Seite finanziert wurde. Den Laptop und die 25.000 Euro habe ich selber in die Firma eingebracht, deshalb fällt beides unter das Eigenkapital.

Die Bilanzsumme beträgt auf beiden Seiten 26.000 Euro. Die Zahlen in der Bilanz werden in T€ (Tausend Euro) angegeben. Bei Unternehmen mit Bilanzsummen von vielen Milliarden ist es einfach übersichtlicher, wenn die Angaben in T€ gemacht werden. Ich will mit meiner Frittenbude hoch hinaus, daher rechne ich selbstverständlich auch in T€.

Tag 2:

Ich habe noch ein kleines Problem. Die Frittenbude, die ich kaufen will, kostet 50.000 Euro und ich muss noch eine erste Runde Fritten, Würstchen usw. kaufen. Ich gehe heute also zu meiner Bank, überzeuge sie von meiner brillanten Geschäftsidee und bekomme einen Kredit in Höhe von 30.000 Euro. Die Bilanz an diesem Tag sieht so aus:

Tag 2

Aktiva (T€)			Passiva (T€)		
Anlagevermögen			**Eigenkapital**		
EDV-Ausstattung		1	Bareinlage		25
			Sacheinlage (Laptop)		1
Umlaufvermögen			**Fremdkapital**		
Girokonto	*[+30]*	55	Bankkredit	*[neu]*	30
Bilanzsumme		56	Bilanzsumme		56

Der Stand des Girokontos hat sich um 30.000 Euro erhöht. Auf der rechten Seite taucht dafür jetzt der Bankkredit in gleicher Höhe auf und natürlich fällt der in die Kategorie Fremdkapital. Kredit erhalten wirkt sich also auf beide Seiten der Bilanz aus, demzufolge hat sich die Bilanzsumme ebenfalls um 30.000 Euro erhöht.

Tag 3:

Heute kann ich mir endlich die Frittenbude kaufen. Ich gebe dem Verkäufer 50.000 Euro und stelle die Bude auf den Parkplatz vor dem Supermarkt ab.

Tag 3

Aktiva (T€)			Passiva (T€)	
Anlagevermögen			**Eigenkapital**	
EDV-Ausstattung		1	Bareinlage	25
Frittenbude	*[neu]*	50	Sacheinlage (Laptop)	1
Umlaufvermögen			**Fremdkapital**	
Girokonto	*[-50]*	5	Bankkredit	30
Bilanzsumme		56	Bilanzsumme	56

Die Bilanzsumme hat sich heute nicht verändert. Es hat lediglich ein Tausch auf der Aktiv-Seite stattgefunden. Das Girokonto ist um 50.000 Euro erleichtert und dafür habe ich die Frittenbude mit dem gleichen Wert in meinen Anlagebestand übernommen.

Tag 4:

Heute organisiere ich eine erste Runde Fritten und Fett, räume alles ein und mache die Bude sauber.

Auch das Beschaffen der Vorräte hat nur Veränderungen auf der Aktiv-Seite zur Folge. Vorräte haben naturgemäß einen kurzfristigen Charakter und gehören daher zum Umlaufvermögen. Vom Girokonto ziehe ich 3.000 Euro ab und dafür taucht die Position Vorräte in gleicher Höhe neu auf.

Tag 4

Aktiva (T€)			Passiva (T€)	
Anlagevermögen			**Eigenkapital**	
EDV-Ausstattung		1	Bareinlage	25
Frittenbude		50	Sacheinlage (Laptop)	1
Umlaufvermögen			**Fremdkapital**	
Vorräte	*[neu]*	3		
Girokonto	*[-3]*	2	Bankkredit	30
Bilanzsumme		56	Bilanzsumme	56

Tag 5:

Ich muss vorankommen, mir fehlen noch die Würstchen, Saucen und Kleinkram. Der Großhändler bietet mir ein Gesamtpaket an, das 3.000 Euro kosten soll. Da ich aber nur noch 2.000 Euro auf dem Konto habe, vereinbare ich mit dem Großhändler, dass ich die Hälfte sofort und die zweite Hälfte in zwei Wochen zahlen kann. Die Bilanz an diesem Tag sieht so aus:

Tag 5

Aktiva (T€)			Passiva (T€)		
Anlagevermögen			**Eigenkapital**		
EDV-Ausstattung		1	Bareinlage		25
Frittenbude		50	Sacheinlage (Laptop)		1
Umlaufvermögen			**Fremdkapital**		
Vorräte	*[+3]*	6	Lieferantenkredit	*[neu]*	1,5
Girokonto	*[-1,5]*	0,5	Bankkredit		30
Bilanzsumme		57,5	Bilanzsumme		57,5

199

Die Vorräte erhöhen sich um 3.000 Euro. Die Hälfte davon stammt vom Girokonto, dort werden also 1.500 Euro abgezogen. Die andere Hälfte ist durch Fremdkapital, nämlich den Kredit, den mir der Großhändler eingeräumt hat, finanziert. Die Position Lieferantenkredit wird also auf der Passiv-Seite neu hinzugefügt. Die Bilanzsumme am Ende dieses Tages beträgt 57.500 Euro. Bei der Gelegenheit sei erwähnt, dass man in Bilanzen eigentlich nicht jeden einzelnen Kredit aufgeführt sieht. Dort werden Verbindlichkeiten zusammengefasst ausgewiesen, meist unterteilt in langfristige und kurzfristige.

Zwei Wochen später:

Das Geschäft läuft super. Ich habe alle Vorräte zu „Currywurst mit Fritten" verarbeitet und verkauft. Insgesamt habe ich dadurch 8.000 Euro eingenommen. Der Aushilfe, die mich zeitweise beim Verkaufen unterstützt hat, habe ich 500 Euro gegeben, somit kann ich 7.500 Euro auf mein Konto einzahlen.

Nach zwei Wochen

Aktiva (T€)			Passiva (T€)	
Anlagevermögen			**Eigenkapital**	
EDV-Ausstattung		1	Bareinlage	25
Frittenbude		50	Sacheinlage (Laptop)	1
			Gewinn *[neu]*	1,5
Umlaufvermögen			**Fremdkapital**	
Vorräte	*[-6]*	0	Lieferantenkredit	1,5
Girokonto	*[+7,5]*	8	Bankkredit	30
Bilanzsumme		59	Bilanzsumme	59

Schauen wir zuerst auf die Aktiv-Seite: Ich habe meine Vorräte komplett verkauft, alles weg, also geht diese Position auf null. Mein Vermögenswert in Höhe von 6.000 Euro, den die Vorräte ja darstellten, ist nicht mehr

200

da. Dafür kommen 7.500 Euro auf dem Girokonto dazu (8.000 Euro Erlös minus 500 Euro Aushilfe). Wenn ich nun die linke Seite addiere, kommt 59.000 Euro als Bilanzsumme raus. Da die Bilanzsumme auf beiden Seiten aber immer exakt gleich sein muss, muss auch auf der rechten Seite noch irgendetwas passieren. Ich habe ja offensichtlich einen Gewinn gemacht und der wird auf der Passiv-Seite dem Eigenkapital zugeordnet.

Nächster Tag:

Heute zahle ich meinem Wurstlieferanten den Kredit zurück, den er mir eingeräumt hat.

Nächster Tag

Aktiva (T€)			Passiva (T€)		
Anlagevermögen			**Eigenkapital**		
EDV-Ausstattung		1	Bareinlage		25
Frittenbude		50	Sacheinlage (Laptop)		1
			Gewinnvortrag		1,5
Umlaufvermögen			**Fremdkapital**		
Vorräte		0	Lieferantenkredit	*[-1,5]*	0
Girokonto	*[-1,5]*	6,5	Bankkredit		30
Bilanzsumme		57,5	Bilanzsumme		57,5

Dieser Vorgang lässt die Bilanzsumme schrumpfen. Aber auch mein Girokonto wird kleiner. Dafür habe ich jetzt weniger Schulden.

Die Bilanzsumme sagt im Grunde nicht viel aus. Sie beträgt jetzt 57.500 Euro. Genau den gleichen Wert hatte sie am Ende von Tag 5, als gerade alle Vorräte eingelagert waren und es am nächsten Tag mit dem Verkauf losgehen sollte. Aber trotzdem ist meine Bude jetzt finanziell besser aufgestellt. Meine Verbindlichkeiten (Schulden) sind im Vergleich zu Tag 5 geringer, mein Eigenkapital dafür größer geworden. Das lässt sich allein aus der Bilanzsumme nicht erkennen. Aber gerade das Verhältnis zwischen Eigenkapital und Fremdkapital ist bei der Bewertung der Finanzlage eines Unternehmens eine wichtige Größe.

Und noch ein kleiner Hinweis: Die Zeile mit dem Gewinn heißt jetzt Gewinnvortrag. Der Gewinn wird immer mit Bezug auf eine zurückliegende Periode ermittelt, während die Bilanz die Verhältnisse zu einem Stichtag wiedergibt. Damit ich auch den Gewinn in der nächsten Periode in der Bilanz separat darstellen kann, müssen die Gewinne der vorherigen Perioden in einer eigenen Zeile ausgewiesen werden. Dafür ist die Zeile Gewinnvortrag. Sie enthält die Summe aller Gewinne, die bisher aufgelaufen sind.

Wir schauen uns noch drei weitere Vorgänge und deren Auswirkung auf die Bilanz an.

Dividendenauszahlung:

Ich beschließe, mir eine Dividende in Höhe von 500 Euro auszuzahlen.

Dividendenauszahlung

Aktiva (T€)			Passiva (T€)		
Anlagevermögen			**Eigenkapital**		
EDV-Ausstattung		1	Bareinlage		25
Frittenbude		50	Sacheinlage (Laptop)		1
			Gewinnvortrag	*[-0,5]*	1
Umlaufvermögen			**Fremdkapital**		
Vorräte		0	Lieferantenkredit		0
Girokonto	*[-0,5]*	6	Bankkredit		30
Bilanzsumme		57	Bilanzsumme		57

Wir haben an anderer Stelle schon gehört, dass eine Dividende eine Auszahlung aus dem Eigenkapital darstellt. Die einzige Zeile im Eigenkapital, mit der wir die Auszahlung gegenbuchen können, ist der Gewinnvortrag. Daher wird die Dividende auch als Gewinnausschüttung bezeichnet. Genau genommen ist meine Frittenbude ja keine Aktiengesellschaft und daher nennt man das hier eigentlich nicht Dividende, sondern Privatentnahme. Aber das nur am Rande.

Abschreibungen:

Meine Frittenbude hält nicht ewig und auch mein Laptop wird irgendwann so alt, dass er nicht mehr nutzbar wird. Das gilt übrigens für alle Maschinen, Anlagen und Gebäude. Sie verlieren im Laufe der Zeit ihren Wert, weil sie veralten und abnutzen. Daher reduziert man in der Bilanz den Wert der Anlagen jedes Jahr um einen kleinen Betrag. Diesen Vorgang nennt man Abschreiben oder Absetzung für Abnutzung, kurz AfA.

Ich gehe bei meiner Frittenbude von einer Nutzungsdauer von 25 Jahren aus, danach ist sie wertlos. Ich schreibe also jedes Jahr 1/25 des Wertes ab (50.000 / 25 = 2.000). Damit die Zahlen in dem Beispiel passen, stellen wir uns vor, dass ich quartalsweise abschreibe, also jedes Quartal 500 Euro.

Abschreibung

Aktiva (T€)		Passiva (T€)	
Anlagevermögen		**Eigenkapital**	
EDV-Ausstattung	1	Bareinlage	25
Frittenbude *[-0,5]*	49,5	Sacheinlage (Laptop)	1
		Gewinnvortrag *[-0,5]*	0,5
Umlaufvermögen		**Fremdkapital**	
Vorräte	0	Lieferantenkredit	0
Girokonto	6	Bankkredit	30
Bilanzsumme	56,5	Bilanzsumme	56,5

Wir erkennen: Abschreibungen gehen zu Lasten des Gewinns, es gibt auf der rechten Seite keine andere Position, mit der wir die Abschreibung gegenbuchen können. Abschreibungen haben aber keine Geldbewegung zur Folge, sie sind ein rein buchhalterischer Vorgang. Das kann so weit gehen, dass ein Unternehmen sogar einen bilanziellen Verlust ausweisen muss, weil hohe Abschreibungen vorgenommen werden, obwohl das Geschäft eigentlich super läuft. Das ist beispielsweise in der Zigarettenindustrie der Fall. Sämtliche Anlagen zur Herstellung von normalen Zigaretten verlieren momentan rapide an Wert, weil sie in wenigen Jahren nur noch wenig gebraucht werden. Die herkömmlichen Zigaretten werden zunehmend durch rauchfreie Alternativen ersetzt und ersetzen damit das alte Geschäft.

Übernahme:

Ich will expandieren und weitere Frittenbuden aufstellen. Da höre ich, dass der Eigentümer der Hähnchenbuden seine Firma verkaufen will. Er hat insgesamt 15 Buden in der Region. Meine Überlegung ist, dass ich seine Firma übernehme und zukünftig auch meine Fritten in den Hähnchenbuden anbiete.

Finanzierung

Aktiva (T€)		Passiva (T€)		
Anlagevermögen		**Eigenkapital**		
EDV-Ausstattung	1	Bareinlage		25
Frittenbude	49,5	Sacheinlage (Laptop)		1
		Gewinnvortrag		0,5
Umlaufvermögen		**Fremdkapital**		
Vorräte	0	Lieferantenkredit		0
Girokonto *[+500]*	506	Bankkredit	*[+500]*	530
Bilanzsumme	556,5	Bilanzsumme		556,5

Dadurch kann ich meinen Fritten-Absatz enorm steigern und habe gleichzeitig einen stabilen zweiten Geschäftszweig. Wir werden uns über den Kaufpreis einig, 500.000 Euro will er für seine 15 Buden mit allem Drum und Dran haben. Im ersten Schritt gehe ich zur Bank und organisiere einen Kredit in passender Höhe.

Wie stellt sich nun die Übernahme der 15 Buden in der Bilanz dar? Ganz einfach. Ich übernehme die komplette Firma, also alles, was da ist, und somit quasi die komplette Aktiv-Seite der Hähnchenbudenfirma. Also übernehme ich alle Positionen aus der Aktiv-Seite der Hähnchenbilanz in die Aktiv-Seite meiner eigenen Bilanz und reduziere gleichzeitig mein Konto um 500.000 Euro. Der Einfachheit halber stellen wir uns vor, dass auf der Aktiv-Seite der Hähnchenbudenfirma nur eine Position steht nämlich die Buden im Anlagevermögen mit einem Wert von 450.000 Euro.

Übernahme

Aktiva (T€)			Passiva (T€)	
Anlagevermögen			**Eigenkapital**	
EDV-Ausstattung		1	Bareinlage	25
Frittenbude		49,5	Sacheinlage (Laptop)	1
Hähnchenbuden	*[+450]*	450	Gewinnvortrag	0,5
Goodwill	*[+50]*	50		
Umlaufvermögen			**Fremdkapital**	
Vorräte		0	Lieferantenkredit	0
Girokonto	*[-500]*	6	Bankkredit	530
Bilanzsumme		556,5	Bilanzsumme	556,5

Der ganze Vorgang findet auf der Aktiv-Seite meiner Bilanz statt. Aber offensichtlich habe ich zu viel bezahlt, denn die Hähnchenbuden haben ja nur einen (Rest)Wert von 450.000 Euro. Diesen Wert habe ich aus der Bilanz der aufgekauften Firma übernommen. Alle anderen Positionen auf der Aktiv-Seite der Hähnchenbilanz waren null und die Passiv-Seite der Hähnchenbilanz interessiert mich nicht.

Ich habe aber trotzdem mehr bezahlt, weil die Hähnchenbuden einen guten Ruf in der Region genießen, ausgesprochen erfahrene und zuverlässige Mitarbeiter haben und die Hähnchen für ihre besondere Qualität bekannt sind. Solche Vorteile sind schon etwas wert, sie sind ein immaterieller Wert, den sich der Besitzer von mir hat bezahlen lassen. Das ist auch richtig so, weil man einen guten Ruf oder eine bekannte Marke nur mit viel Einsatz und über lange Zeit aufbauen kann.

Da ich aber 500.000 Euro vom Konto abbuche und nur 450.000 Euro für die Buden in die Bilanz übernehmen kann, brauche ich noch eine Position, auf der ich die restlichen 50.000 Euro für den immateriellen Wert der übernommenen Firma verbuchen kann. Das ist die Goodwill-Position. Der Goodwill bleibt übrigens nicht ewig in der Höhe in der Bilanz stehen, sondern wird im Laufe der Zeit auch abgeschrieben. Auch das findet in der Zigarettenindustrie gerade statt. Die großen Konzerne haben vor Jahren einzelne kleinere Marken aufgekauft und dabei viel Goodwill gezahlt. Nun verschwinden die klassischen Zigarettenmarken vom Markt und damit müssen die Konzerne den Goodwill, den sie einst gezahlt haben, auf null abschreiben.

Soweit unser Ausflug in die Bilanz. Wir haben gesehen, wie sich wesentliche Vorgänge aus der Geschäftswelt in der Bilanz abbilden, und können diese nun nachvollziehen.

Spekulanten und Investoren

Gehen wir jetzt einige Schritte zurück, weg von den technischen Details, und betrachten die Aktienbörse aus einer anderen Perspektive. Der Preis einer Aktie ergibt sich aus Angebot und Nachfrage. Dieser Preis spiegelt also den Wert des Unternehmens wider – könnte man zumindest meinen. Es gibt verschiedene Methoden, wie man den Wert eines Unternehmens bestimmen kann. Alle kommen zu einem unterschiedlichen Ergebnis und in die Berechnung fließen Zahlen ein, die gar nicht tagesaktuell oder gar minütlich verfügbar sind. Insofern gibt es keinen aktuellen Aktienkurs, der sich aus der fairen Bewertung des Unternehmens herleitet.

Das führt uns zu der Frage, was den Kurs der Aktien bestimmt, wenn es nicht der aktuell faire Wert der Unternehmen sein kann? Im Wesentlichen sind es Spekulanten, die die Kurse in die Höhe oder Tiefe treiben, angetrieben durch Gier und Angst. Diese werden im Laufe der Zeit immer mehr, angelockt durch immer neue Finanzprodukte, die dem Anleger das schnelle Geld versprechen, letztlich aber nur sein Geld in die Taschen der Finanzindustrie spülen. Man überlege nur mal, warum die Finanzindustrie immer neue Produkte auf den Markt bringt, um Anlegern das Spekulieren schmackhaft zu machen. Würde die Finanzindustrie dies tun, wenn ihr die Kleinanleger dadurch permanent Verluste bescheren? Wohl kaum. Eher dürfte es andersherum sein, die Spekulanten bescheren der Finanzindustrie große Gewinne und gehen unterm Strich mit Verlusten nach Hause.

Das spekulative Element an der Börse wird auch durch die durchschnittliche Haltedauer der Aktien belegt. In den 1990er-Jahren haben Anleger ihre Aktien im Schnitt knapp 1,5 bis 2 Jahre behalten, bevor sie wieder verkauft wurden. Davor waren es offensichtlich Haltedauern von fast 10 Jahren. Mittlerweile ist die durchschnittliche Haltedauer stark gesunken, sie beträgt heute höchstens noch ein halbes Jahr. Die Grafik von statista[35] auf der nächsten Seite zeigt diesen Trend ganz deutlich.

Dr. Markus Elsässer berichtet in seinem Buch „Des klugen Investors Handbuch", dass sein Großvater sein ganzes Leben lang nur Kaufaufträge erteilte und niemals verkauft hat.[36] Das wirkt aus heutiger Perspektive vollkommen aus der Zeit gefallen. Der Großvater hat Aktien offensichtlich nicht als Spekulationsobjekt betrachtet, sondern als Investition bzw. als Beteiligung an einem Unternehmen. Nichts anderes machen Familienunternehmen auch, sie bleiben ihrem Unternehmen treu, vererben es an die Nachkommen und denken nicht im Traum daran, alle sechs Monate die Firma zu verkaufen und stattdessen ein anderes Unternehmen zu kaufen.

Haltedauer (in Jahren) der weltweiten Aktien von 1980 bis 2022

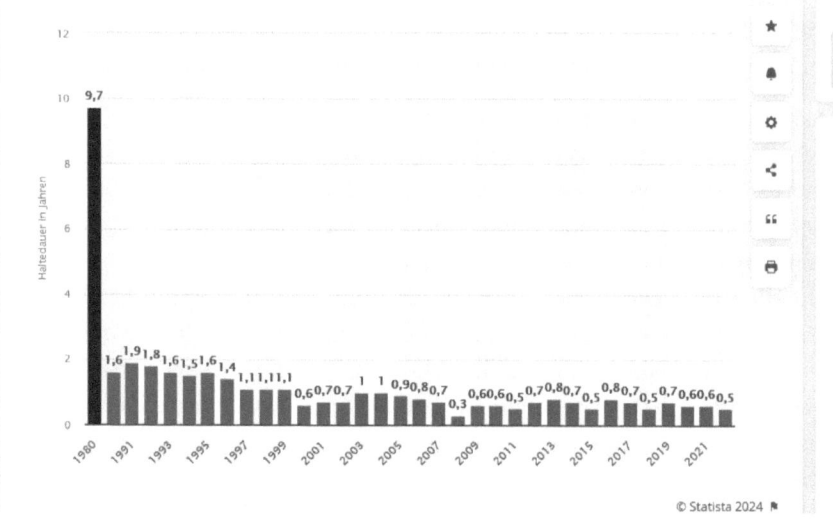

Abb. 51: Durchschnittliche Haltedauer von Aktien; Quelle: statista

Zwischen den ganzen Spekulanten an der Börse tummeln sich aber auch ein paar Investoren, weil sie dort die Aktien der Unternehmen kaufen können, in die sie ihr Geld investieren wollen. Und insbesondere in Phasen, in denen die Spekulanten die Hosen voll haben und vor lauter Angst alle ihre Aktien zum Schleuderpreis verkaufen, können Investoren diese sehr preiswert erwerben. Das Auf und Ab an der Börse und die Psychologie der Teilnehmer am Börsengeschäft hat kaum jemand besser beschrieben als André Kostolany. Einige seiner Bücher sind in den Buchempfehlungen enthalten.

Zinsrechnung

Kurz als Erinnerung: Zinsrechnung ist nichts anderes als Prozentrechnung, nur hat man sich hier andere Bezeichnungen einfallen lassen (wahrscheinlich, um uns zu verwirren).

Prozentrechnung:

$$Grundwert \times Prozentsatz = Prozentwert$$

Zinsrechnung:

$$Kapital \times Zinssatz = Zinsen$$

Erfreuliche Vielfalt bieten uns die diversen Möglichkeiten, wie wir den Prozent- bzw. Zinssatz schreiben dürfen. Die gebräuchlichen Möglichkeiten sehen zwar unterschiedlich aus, sind aber vom mathematischen Wert her exakt gleich:

$$6\,\% = \frac{6}{100} = 0,06$$

Oder eine echte Herausforderung:

$$4,25\,\% = \frac{425}{10000} = 0,0425$$

Ich bevorzuge die Schreibweisen 4,25% und 0,0425. Wenn ich wissen will, wie viel Zinsen ich für 2.000 Euro auf dem Tagesgeldkonto bei 4,25% Verzinsung bekomme, dann tippe ich in den Taschenrechner: 2000 * 0,0425. Das macht gleich 85. Den Kram mit der Bruchschreibweise kann man sich sparen.

Als schnelle Wiederholung noch mal die möglichen Berechnungen:

Frage: Wie viel Zinsen bekomme ich für mein Kapital, wenn der Zinssatz soundso hoch ist?

Gesucht: Zinsen

Gegeben: Kapital = 2.000 Euro, Zinssatz = 4,25 %

$$Kapital \times Zinssatz = Zinsen$$

$$2.000\,Euro \times 0,0425 = 85\,Euro$$

Frage: Wie hoch ist mein Kapital am Ende des Jahres, wenn der Zinssatz soundso hoch ist?

Gesucht: Kapital am Jahresende

Gegeben: Kapital = 2.000 Euro, Zinssatz = 4,25 %

$$Kapital \times (1 + Zinssatz) = Kapital\ am\ Jahresende$$

$$2.000\ Euro \times (1 + 0{,}0425) = 2.085\ Euro$$

$$2.000\ Euro \times (1{,}0425) = 2.085\ Euro$$

Frage: Wie viel Kapital muss ich haben, damit ich bei einem Zinssatz von soundso viel den Betrag x als Zinsen bekomme?

Gesucht: Kapital

Gegeben: Zinsen = 270 Euro, Zinssatz = 6 %

$$\frac{Zinsen}{Zinssatz} = Kapital$$

$$\frac{270\ Euro}{0{,}06} = 4.500\ Euro$$

Frage: Wie hoch ist der Zinssatz, wenn ich soundso viel Zinsen auf mein Kapital bekomme? Gilt auch für die Frage: Wie hoch ist die Rendite, wenn ich auf mein eingesetztes Kapital soundso viel Ertrag erhalte?

Gesucht: Zinssatz

Gegeben: Kapital = 1.000 Euro, Zinsen = 35 Euro

$$\frac{Zinsen}{Kapital} = Zinssatz$$

$$\frac{35\ Euro}{1.000\ Euro} = 0{,}035 = 3{,}5\ \%$$

Allgemeiner Hinweis: Wir schreiben häufig einen Punkt in 1.000, damit die Zahl besser lesbar ist. Schließlich lässt sich 18.000.000 besser lesen als

18000000. Diesen Tausender-Trennpunkt gibt man im Taschenrechner nicht mit ein. Der Punkt auf dem Taschenrechner entspricht unserem Komma und hat nichts mit dem Tausender-Trennpunkt zu tun.

Und noch eine gute Nachricht: Es gibt im Internet leicht zu bedienende Zinsrechner. Wir brauchen also im schlimmsten Fall nicht selber den Taschenrechner zu bemühen. Gute Dienste leistet uns so ein Rechner bei der Betrachtung von Rentenversicherungen weiter vorne im Buch.

Verweise/Quellen

[1] XTPL (XTPL S.A) ist der Name der Firma siehe auch xtpl.com

[2] Vgl. Wikipedia „Geschichte des Wohnens"

[3] Vgl. Wikipedia „Nettoreproduktionsrate"

[4] https://de.statista.com/statistik/daten/studie/1223/umfrage/arbeitslosenzahl-in-deutschland-jahresdurchschnittswerte/ weist für 2024 2,77 Mio. Arbeitslose aus. Aufgerufen am 11.06.24.

[5] https://service.destatis.de/bevoelkerungspyramide/index.html#!y=2024; aufgerufen am 11.06.24 mit default Einstellungen Geburtenhäufigkeit: G2, Lebenserwartung: L2 Wanderungssaldo: W1. Alter <20: 15,9 Mio., 20-66: 51,3 Mio., 67+: 16,9 Mio.

[6] https://service.destatis.de/bevoelkerungspyramide/index.html#!y=2044&o=2024v1; aufgerufen am 11.06.24 mit default Einstellungen Geburtenhäufigkeit: G2, Lebenserwartung: L2 Wanderungssaldo: W1. Alter <20: 14,7 Mio., 20-66: 45,7 Mio., 67+: 20,6 Mio.

[7] 2024: 48,5 Mio. / 16,9 Mio. = 2,86; 2044: 43,2 Mio. / 20,6 Mio. = 2,1

[8] https://www.youtube.com/watch?v=RZjLM8ap0qA&t=182s

[9] https://www.oecd.org/pisa/publications/Countrynote_DEU_German.pdf

[10] https://de.tradingeconomics.com/germany/productivity (10-Jahres-Ansicht)

[11] https://www.hypochart.de/zinsentwicklung/bundesanleihen; aufgerufen am 22.06.24

[12] Vgl. https://www.justetf.com/de/market-overview/top-50-anleihen-etfs-mit-der-hoechsten-ausschuettungsrendite-in-eur.html; aufgerufen am 02.03.2024

[13] Vgl. https://www.youtube.com/@DwieDividende

[14] Vgl. https://www.heemann.org/unsere-fonds/fu-bonds-monthly-income

[15] Vgl. https://www.test.de/Wohnung-als-Kapitalanlage-Rechner-1179772-2179772/

[16] Vgl. https://www.finanzen.net/ratgeber/immobilienfonds-vergleich/; aufgerufen am 04.07.24

[17] Vgl. https://hausinvest.de/

[18] Vgl. https://www.boerse.de/grundlagen/aktie/Renditedreieck-Dax-Jaehrliche-Durchschnittsrenditen-seit; aufgerufen am 03.07.24

[19] Vgl. https://www.finanzen.net/aktien/rating/adidas; aufgerufen am 03.07.24

[20] https://www.finanzen.net/ratgeber/msci-world-etf/; aufgerufen am 04.07.24

[21] https://etf.dws.com/de-de/IE00BK1PV551-msci-world-ucits-etf-1d/; aufgerufen am 04.07.24

[22] Vgl. https://www.finanz-tools.de/sparrechner; aufgerufen am 05.07.24

[23] Vgl. www.check24.de; der Vergleich wurde am 04.03.2024 durchgeführt

[24] Vgl. https://www.onvista.de/fonds; aufgerufen am 05.07.2024

[25] Vgl. https://www.onvista.de/etf; aufgerufen am 05.07.2024

[26] Vgl. https://www.onvista.de/fonds; Suche durchgeführt am 05.07.24

[27] Vgl. https://aktienfinder.net; aufgerufen am 05.07.24

[28] Vgl. https://www.youtube.com/@Aktienfinder

[29] Vgl. https://www.telekom.com/de/karriere/schueler/ausbildung/it-system-elektroniker?jobTitles=1021176&trainingTypes=1021222; aufgerufen am 06.07.24

[30] https://www.youtube.com/watch?v=XgEGFn1yiPk&t=64s

[31] Vgl. https://extraetf.com/de/wissen/boersenplaetze-im-vergleich-handelsplaetze-fur-etf-anleger; aufgerufen am 01.07.24

[32] https://de.wikipedia.org/wiki/Kapitalertragsteuer_(Deutschland); aufgerufen am 22.06.24

[33] https://www.bzst.de/SharedDocs/Downloads/DE/EU_OECD/anrechenbare_ausl_quellensteuer_2022.html; aufgerufen am 22.06.24

[34] https://www.finanzamt.nrw.de/steuerinfos/privatpersonen/einkuenfte-aus-kapitalvermoegen/sparerpauschbetrag-freistellungsauftrag; aufgerufen am 22.06.24

[35] Vgl. https://de.statista.com/statistik/daten/studie/614272/umfrage/haltedauer-der-weltweiten-aktien/; aufgerufen am 03.07.24

[36] Vgl. S. 67, Dr. Markus Elsässer, Des klugen Investors Handbuch, 4. Auflage 2020.